BIBLIOTHÈQUE CHRÉTIENNE

DE L'ADOLESCENCE ET DU JEUNE AGE

Publiée avec approbation

de Monseigneur l'Evêque de Limoges.

St GERMAIN L'AUXERROIS.

ABRÉGÉ

DE L'ITINÉRAIRE

DE PARIS A JÉRUSALEM

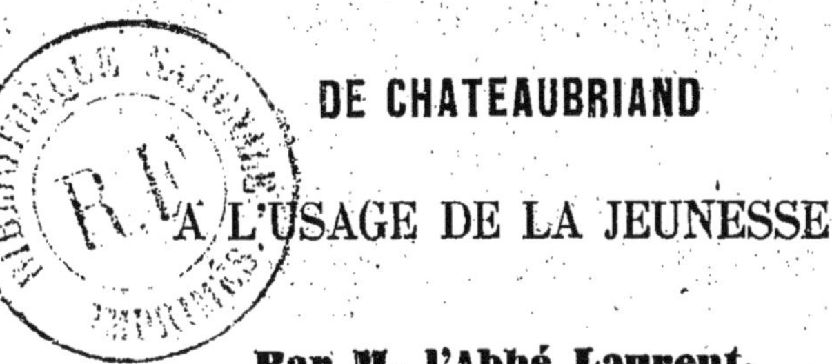

DE CHATEAUBRIAND

A L'USAGE DE LA JEUNESSE

Par M. l'Abbé Laurent.

LIMOGES
F. F. ARDANT FRERES,
7, Avenue du Midi.

PARIS
F. F. ARDANT FRERES,
4, quai du Marché-Neuf.

ABRÉGÉ

DE L'ITINÉRAIRE

DE PARIS A JÉRUSALEM.

MISITRA. — SPARTE.

Nous nous trouvions derrière Misitra, et presque au pied du château ruiné qui commande la ville. Il est placé au haut d'un rocher de forme quasi pyramide. Nous quittâmes nos chevaux, et nous montâmes à pied au château par le faubourg des Juifs, qui tourne en limaçon autour du rocher jusqu'à la base du château. Ce faubourg a été entièrement détruit par les Albanais ; les murs seuls des maisons sont restés debout ; et l'on voit à travers les ouvertures des portes et des fenêtres la trace des flammes qui ont dévoré ces anciennes retraites de la misère. Des enfants, aussi méchants que les Spartiates dont ils descendent, se cachent dans ces ruines, épient le voyageur, et, au moment où il passe, font crouler sur lui des pans de murs et des fragments de rocher. Je faillis être victime d'un de ces jeux lacédémoniens.

Le château gothique qui couronne ces débris tombe lui-même en ruine : les vides des créneaux, les crevasses formées dans les voûtes et les bouches des citernes, font qu'on ne marche pas sans danger. Il n'y a ni portes, ni gardes, ni canons, le tout est abandonné ; mais on est bien dédommagé de la peine qu'on a prise de monter à ce donjon par la vue dont on jouit.

Au-dessous de vous, à votre gauche, est la partie détruite de Misitra, c'est-à-dire le faubourg des Juifs dont je viens de parler. A l'extrémité de ce faubourg vous apercevez l'archevêché et l'église de Saint-Dimitri, environnés d'un groupe de maisons grecques avec des jardins.

Perpendiculairement au-dessous de vous s'étend la partie [de la ville appelée *Katôchôrion,* c'est-à-dire le bourg au-dessus du château.

En avant de Katôchôrion se trouve le *Mésochôrion,* le bourg du milieu : celui-ci a de grands jardins, et renferme des maisons turques peintes de vert et de rouge ; on y remarque aussi des bazars, des kans et des mosquées.

A droite, au pied du Taygète, on voit successivement les trois villages ou faubourgs que j'avais traversés : Tritzella, Panthalama et Parori.

De la ville même sortent deux torrents : le premier est appelé *Hobriopotamos,* rivière des Juifs : il coule entre le Katôchôrion et le Mésochôrion.

Le second nommé *Pantholama,* du nom de la fontaine des Nymphes dont il sort ; il se réunit à l'Hobriopotamos assez loin dans la plaine, vers le village désert de *Magoula*. Ces deux torrents, sur lesquels il y a un petit pont, ont suffi à La Guilletière pour en former l'Eurotas et le petit pont Babyx, sous le nom générique de *Gephuros,* qu'il aurait dû, je pense, écrire *Gephura.*

A Magoula, ces deux ruisseaux se jettent dans la rivière de Magoula, l'ancien Cnacion, et celui-ci va se perdre dans l'Eurotas.

Vu du château de Misitra, la vallée de la Laconie est admirable ; elle s'étend à peu près du nord au midi ; elle est bordée à l'ouest par le Taygète, et à l'est par les monts Tornax, Barosthènes, Olympe et Ménélaïons ; de petites collines obstruent la partie septentrionale de la vallée, descendent au midi en diminuant de hauteur, et viennent former de leurs dernières croupes les collines où Sparte était assise. Depuis Sparte jusqu'à la mer se déroule une plaine unie et fertile arrosée par l'Eurotas (1).

Me voilà donc monté sur un créneau du château de Misitra, découvrant, contemplant et admirant toute la Laconie. Mais quand parlerez-vous de Sparte ? me dira le lecteur. Où sont les débris de cette ville ? Sont-ils renfermés dans Misitra ? N'en reste-t-il aucune trace ? Pourquoi courir à Amyclée avant d'avoir visité tous les coins de Lacédémone ? Vous contenterez-vous de nommer l'Eurotas sans en montrer le cours, sans en décrire les bords ? Quelle largeur a-t-il ? de quelle couleur sont ses eaux ? où sont ses cygnes, ses roseaux, ses lauriers ? Les moindres particularités doivent être racontées quand il s'agit de la patrie de Lycurgue, d'Agis, de Lysandre,

(1) Voyez, pour la description de la Laconie, *les Martyrs*, liv. XIV.

de Léonidas. Tout le monde a vu Athènes, mais très peu de voyageurs ont pénétré jusqu'à Sparte : aucun n'en a complètement décrit les ruines.

Il y a déjà longtemps que j'aurais satisfait le lecteur si, dans le moment même où il m'aperçoit au haut du donjon de Misitra, je n'eusse fait pour mon propre compte toutes les questions que je l'entends me faire à présent.

Je n'avais rien négligé pour me procurer sur Sparte tous les renseignements possibles : j'ai suivi l'histoire de cette ville depuis les Romains jusqu'à nous ; j'ai parlé des voyageurs et des livres qui nous ont appris quelque chose de la moderne Lacédémone ; malheureusement ces notions sont assez vagues, puisqu'elles ont fait naître deux opinions contradictoires. D'après le père Pacifique, Concelli, le romancier Guillet et ceux qui les ont suivis, Misitra est bâtie sur les ruines de Sparte ; et d'après Spon, Vernon, l'abbé Fourmont, Leroi et d'Anville, les ruines de Sparte sont assez éloignées de Misitra. Il était bien clair, d'après cela, que les meilleures autorités étaient pour cette dernière opinion. D'Anville surtout est formel, et il paraît choqué du sentiment contraire : « Le lieu, dit-il qu'occupait cette ville (Sparte) est ap» pelé *Palæochôri* ou le vieux bourg ; la ville nouvelle, » sous le nom de *Misitra*, que l'on a tort de confondre » avec Sparte, en est écartée vers le couchant. » Spon, combattant La Guilletière, s'exprime aussi fortement d'après le témoignage de Vernon et du consul Giraud. L'abbé Fourmont, qui a retrouvé à Sparte tant d'inscriptions, n'a pu être dans l'erreur sur l'emplacement de cette ville : il est vrai que nous n'avons pas son voyage ; mais Leroi, qui a reconnu le théâtre et le dromos, n'a pu ignorer la vraie position de Sparte. Les meilleures géographies, se conformant à ces grandes autorités, ont pris soin d'avertir que Misitra n'est point du tout Lacédémone. Il y en a même qui fixent assez bien la distance de l'une à l'autre de ces villes, en la faisant d'environ deux lieues.

On voit ici, par un exemple frappant, combien il est difficile de rétablir la vérité quand une erreur est enracinée. Malgré Spon, Fourmont, Leroi, d'Anville, etc., on s'est généralement obstiné à voir Sparte dans Misitra, et moi-même tout le premier. Deux voyageurs modernes avaient achevé de m'aveugler, Scrofani et M. Pouqueville. Je n'avais pas fait attention que celui-ci, en décrivant Misitra comme représentant Lacédémone, ne faisait que répéter l'opinion des gens du pays, et qu'il ne donnait pas ce sentiment pour le sien : il semble même pencher au contraire vers l'opinion qui a pour elle les meilleures autorités ; d'où je devais conclure que M. Pouqueville, exact sur tout ce qu'il a vu de ses propres yeux, avait été trompé dans ce qu'on lui avait dit de Sparte (1).

Persuadé donc, par une erreur de mes premières études, que Misitra était Sparte, j'avais commencé à parcourir Amyclée : mon projet était de me débarrasser d'abord de ce qui n'était point Lacédémone, afin de donner ensuite à cette ville toute mon attention. Qu'on juge de mon embarras, lorsque, du haut du château de Misitra, je m'obstinais à vouloir reconnaître la cité de Lycurgue dans une ville absolument moderne, et dont l'architecture ne m'offrait qu'un mélange confus du

(1) Il dit même en toutes lettres que Misitra n'est plus sur l'emplacement de Sparte ; ensuite il revient aux idées des habitants du pays. On voit que l'auteur était sans cesse entre les grandes autorités qu'il connaissait et le bavardage de quelques Grecs ignorants.

genre oriental et du style gothique, grec et italien : pas une pauvre petite ruine antique pour se consoler au milieu de tout cela. Encore si la vieille Sparte, comme la vieille Rome, avait levé sa tête défigurée du milieu de ces monuments ! Mais non : Sparte était renversée dans la poudre, ensevelie dans le tombeau, foulée aux pieds des Turcs, morte, morte tout entière !

Je le croyais ainsi. Mon cicérone savait à peine quelques mots d'italien et d'anglais. Pour me faire mieux entendre de lui, j'essayais de méchantes phrases de grec moderne : je barbouillais au crayon quelques mots de grec ancien, je parlais italien et anglais, je mêlais du français à tout cela ; Joseph voulait nous mettre d'accord, et il ne faisait qu'accroître la confusion ; le janissaire et le guide (espèce de juif demi-nègre) donnaient leurs avis en turc, et augmentaient le mal. Nous parlions tous à la fois, nous criions, nous gesticulions ; avec nos habits différents, nos langages et nos visages divers, nous avions l'air d'une assemblée de démons perchés au coucher du soleil sur la pointe de ces ruines. Les bois et les cascades du Taygète étaient derrière nous, la Laconie à nos pieds, et le plus beau ciel sur nos têtes.

« Voilà Misitra, disais-je au cicérone : c'est Lacédé-
» mone, n'est-ce pas ? »

Il me répondait : « Signor, Lacédémone? Comment ? »

— « Je vous dis Lacédémone ou Sparte? »

— « Sparte ? Quoi ? »

— « Je vous demande si Misitra est Sparte. »

— « Je n'entends pas. »

— Comment ! vous, Grec, vous, Lacédémonien, vous ne connaissez pas le nom de Sparte ? »

— « Sparte? Oh oui ! Grande république ! Fameux » Lycurgue ! »

— « Ainsi Misitra est Lacédémone ? »

Le Grec me fit un signe de tête affirmatif. Je fus ravi.

« Maintenant, repris-je, expliquez-moi ce que je vois : » quelle est cette partie de la ville ? » Et je montrais la partie devant moi, un peu à droite.

« Mésochôrion, » répondit-il.

« J'entends bien : mais quelle partie était-ce de La- » cédémone? »

— « Lacédémone? Quoi? »

J'étais hors de moi.

» Au moins indiquez-moi le fleuve. » Et je répétais : « Potamos, Potamos. »

Mon Grec me fit remarquer le torrent appelé la *rivière des Juifs*.

« Comment, c'est là l'Eurotas? impossible ! Dites- » moi où est le Vasilipotamos. »

Le cicérone fit de grands gestes et étendit le bras à droite, du côté d'Amyclée.

Me voilà replongé dans toutes mes perplexités. Je prononçai le nom d'*Iri;* et, à ce nom, mon Spartiate me montra la gauche, à l'opposé d'Amyclée.

Il fallait conclure qu'il y avait deux fleuves : l'un à droite, le Visilipotamos ; l'autre à gauche, l'Iri ; et que ni l'un ni l'autre de ces fleuves ne passait à Misitra. On a vu plus haut, par l'explication que j'ai donnée de ces deux noms, ce qui causait mon erreur.

Ainsi, disais-je en moi-même, je ne sais plus où est l'Eurotas, mais il est clair qu'il ne passe point à Misitra. Donc Misitra n'est point Sparte, à moins que le cours du fleuve n'ait changé et ne se soit éloigné de la ville, ce qui n'est pas du tout probable. Où est donc Sparte ? Je serai venu jusqu'ici sans avoir pu la trouver ! Je m'en retournerai sans l'avoir vue ! J'étais dans la consternation. Comme j'allais descendre du château, le Grec s'écria : « Votre seigneurie demande peut-être Palæo-» chôri ? »

A ce nom je me rappelai le passage de d'Anville je m'écriai à mon tour : « Oui, Palæochôri ! la vieille ! Où est-elle, Palæochôri ? »

— « Là-bas, à Magoula, » dit le cicéronne; et il me montrait au loin dans la vallée une chaumière blanche environnée de quelques arbres.

Les larmes me vinrent aux yeux en fixant mes regards sur cette misérable cabane qui s'élevait dans l'enceinte abandonnée d'une des villes les plus célèbres de l'univers, et qui servait seule à faire reconnaître l'emplacement de Sparte, demeure unique d'un chevrier, dont toute la richesse consiste dans l'herbe qui croît sur les tombeaux d'Agis et de Léonidas.

Je ne voulus plus rien voir ni rien entendre : je descendis précipitamment du château, malgré les cris des guides qui voulaient me montrer des ruines modernes, et me montrer des histoires d'agas, de pachas, de cadis, de vayvodes ; mais en passant devant l'archevêché, je trouvai des papas qui attendaient *le Français* à la porte, et qui m'invitèrent à entrer de la part de l'archevêque.

Quoique j'eusse bien désiré refuser cette politesse, il n'y eut pas moyen de s'y soustraire. J'entrai donc : l'archevêque était assis au milieu de son clergé dans une salle très propre, garnie de nattes et de coussins à la manière des Turcs. Tous ces papas et leur chef étaient gens d'esprit et de bonne humeur; plusieurs savaient l'italien et s'exprimaient avec facilité dans cette langue. Je leur contai ce qui venait de m'arriver au sujet des ruines de Sparte : ils en rirent et se moquèrent du cicérone; ils me parurent fort accoutumés aux étrangers.

La Morée en est effet remplie de Lévantins, de Francs, de Ragusains, d'Italiens, et surtout de jeunes médecins de Venise et des îles Ioniennes, qui viennent dépêcher les cadis et les agas. Les chemins sont assez sûrs : on trouve passablement de quoi se nourrir; on jouit d'une grande liberté, pourvu qu'on ait un peu de fermeté et de prudence. C'est en général un voyage très facile, surtout pour un homme qui a vécu chez les sauvages de l'Amérique. Il y a toujours quelques Anglais sur les chemins du Péloponèse : les papas me dirent qu'ils avaient vu dans ces derniers temps des antiquaires et des officiers de cette nation. Il y a même à Misitra une maison grecque qu'on appelle l'*Auberge anglaise* : on y mange du roast-beef, et l'on y boit du vin de Porto. Le voyageur a sous ce rapport de grandes obligations aux Anglais : ce sont eux qui ont établi de bonnes auberges dans toute l'Europe, en Italie, en Suisse, en Allemagne, en Espagne, à Constantinople, à Athènes, et jusqu'aux portes de Sparte, en dépit de Lycurgue.

On me montra l'archevêché et l'église : celle-ci, fort célébrée dans nos géographies, n'a pourtant rien de remarquable. La mosaïque du pavé est commune; les peintures, vantées par Guillet, rappellent absolument les ébauches de l'école avant le Pérugien. Quant à l'architecture, ce sont toujours des dômes plus ou moins écrasés, plus ou moins multipliés. Cette cathédrale, dédiée à saint Dimitri, et non pas à la Vierge, comme on l'a dit, a pour sa part sept de ces dômes. Depuis que cet ornement a été employé à Constantinople dans la dégénération de l'art, il a marqué tous les monuments de la Grèce. Il n'a ni la hardiesse du gothique, ni la sage beauté de l'antique. Il est assez majestueux quand il est immense, mais alors il écrase l'édifice qui le porte s'il est petit, ce n'est plus qu'une calotte ignoble qui ne se lie à aucun membre de l'architecture, et qui s'élève au-dessus des entablements tout exprès pour rompre la ligne harmonieuse de la cymaise.

Je vis dans la bibliothèque de l'archevêché quelques traités des pères grecs, des livres de controverse, et deux ou trois historiens de la *Byzantine;* entre autres Pachymère. Il est probable que les Vénitiens, longtemps maîtres de la Morée, en auront enlevé les manuscrits les plus précieux.

Mes hôtes me montrèrent avec empressement des traductions imprimées de quelques ouvrages français : c'est, comme on le sait, *Télémaque, Rollin, etc.*, et des nouvelles publiées à Bucharest.

Il était nuit quand je sortis de l'archevêché : nous traversâmes la partie la plus peuplée de Misitra; nous passâmes dans le bazar indiqué dans plusieurs descriptions comme devant être l'Agora des anciens, supposant toujours que Misitra est Lacédémone. Ce bazar est un mauvais marché pareil à ces halles que l'on voit dans nos petites villes de province. De chétives boutiques de schalls, de mercerie, de comestibles, en occupent les rues. Ces boutiques étaient alors occupées par les lampes de fabrique italienne. On me fit remarquer, à la lueur de ces lampes, deux Maniottes qui vendaient des sèches et des polypes de mer, appelés à Naples *frutti di mare.*

Ces pêcheurs, d'une assez grande taille, ressemblaient à des paysans francs-comtois. Je ne leur trouvai rien d'extraordinaire. Je me décidai à me rendre le lendemain aux ruines de Sparte, et à continuer de là mon voyage sans revenir à Misitra..

Il y avait déjà une heure que nous courions par un chemin uni qui se dirigeait droit au sud-est, lorsqu'au lever de l'aurore j'aperçus quelques débris et un long mur de construction antique : le cœur commence à me battre. Le janissaire se tourne vers moi, et me montrant sur la droite, avec son fouet, une cabane blanchâtre, il me crie d'un air de satisfaction : « Palæochôri ! » Je me dirigeai vers la principale ruine que je découvrais sur une hauteur. En tournant cette hauteur par le nord-ouest afin d'y monter, je m'arrêtai tout-à-coup à la vue d'une vaste enceinte, ouverte en demi-cercle, et que je reconnus à l'instant pour un théâtre. Je ne puis peindre les sentiments confus qui vinrent m'assiéger. La colline au pied de laquelle je me trouvais était donc la colline de la citadelle de Sparte, puisque le théâtre était adossé à la citadelle ; la ruine que je voyais sur cette colline était donc le temple de Minerve-Chalciœcos, puisque celui-ci était dans la citadelle ; les débris et le long mur que j'avais passés plus bas faisaient donc partie de la tribu des Cynosures, puisque cette tribu était au nord de la ville : Sparte était donc sous mes yeux ; et son théâtre, que j'avais eu le bonheur de découvrir en arrivant, me donnait sur-le-champ les positions des quartiers et des monuments, Je mis pied à terre, et je montai en courant sur la colline de la citadelle.

Comme j'arrivai à son sommet, le soleil se levait derrière les monts Ménélaïons. Quel beau spectacle ! mais qu'il était triste ! L'Eurotas coulant solitaire sous les débris du pont Babyx ; des ruines de toutes parts, et pas un homme parmi ces ruines ! Je restai immobile, dans une espèce de stupeur, à contempler cette scène. Un mélange d'admiration et de douleur arrêtait mes pas et ma pensée ; le silence était profond autour de moi ; je voulus du moins faire parler l'écho dans les lieux où la voix humaine ne se faisait plus entendre, et je criai de toute ma force : Léonidas ! Aucune ruine ne répéta ce grand nom, et Sparte même sembla l'avoir oublié.

Si des ruines où s'attachent des souvenirs illustres font bien voir la vanité de tout ici-bas, il faut pourtant convenir que les noms qui survivent à des empires et qui immortalisent des temps et des lieux sont quelque chose. Après tout, ne dédaignons pas trop la gloire ; rien n'est plus beau qu'elle, si ce n'est la vertu. Le comble du bonheur serait de réunir l'une à l'autre dans cette vie ; et c'était l'objet de l'unique prière que les Spartiates adressaient aux dieux : « *Ut pulchra bonis adderent !* »

Quand l'espèce de trouble où j'étais fut dissipé, je commençai à étudier les ruines autour de moi. Le sommet de la colline offrait un plateau environné, surtout au nord-ouest, d'épaisses murailles ; j'en fis deux fois le tour, et je comptai mille cinq cent soixante, et mille cinq cent soixante-six pas communs, ou à peu près sept cent quatre-vingts pas géométriques ; mais il faut remarquer que j'embrasse dans ce circuit le sommet entier de la colline, y compris la courbe que forme l'excavation du théâtre dans cette colline : c'est ce théâtre que Leroi a examiné.

Des décombres, partie ensevelis sous terre, partie élevés au-dessus du sol, annoncent, vers le milieu de ce plateau, les fondements du temple de Minerve-Calciœcos (1), où Pausanias se réfugia vainement et perdit la vie. Une espèce de rampe en terrasse, large de soixante-dix pieds, et d'une pente extrêmement douce, descend du midi de la colline dans la plaine. C'était peut-être le chemin par où l'on montait à la citadelle, qui ne devint très forte que sous les tyrans de Lacédémone.

A la naissance de cette rampe, et au-dessus du théâtre, je vis un petit édifice de forme ronde aux trois quarts détruit : les niches intérieures en paraissent également propres à recevoir des statues ou des urnes.

Si l'on se place avec moi sur la colline de la citadelle, voici ce qu'on verra autour de soi :

Au levant, c'est-à-dire vers l'Eurotas, un monticule de forme allongée, et applati à sa cime, comme pour servir de stade ou d'hippodrome. Des deux côtés de ce monticule, entre deux autres monticules qui font, avec le premier, deux espèces de vallées, on aperçoit les ruines du pont Babyx et le cours de l'Eurotas. De l'autre côté du fleuve, la vue est arrêtée par une chaîne de collines rougeâtres : ce sont les monts Ménélaïons. Derrière ces monts s'élève la barrière des hautes montagnes qui bordent au loin le golfe d'Argos.

Dans cette vue à l'est, entre la citadelle et l'Eurotas, en portant les yeux nord et sud par l'est, parallèlement au cours du fleuve, on placera la tribu des Lymnates, le tem-

(1) Chalciœcos, maison d'airain. Il ne faut pas prendre le texte de Pausanias et de Plutarque à la lettre, et s'imaginer que ce temple fût tout d'airain ; cela veut dire seulement que ce temple était revêtu d'airain en dedans et peut-être en dehors. J'espère que personne ne confondra les deux Pausanias que je cite ici, l'un dans le texte, l'autre dans la note.

ple de Lycurgue, le palais du roi Démarate, la tribu des Egides et celle des Meisoatcs, un des Lesché, le monument de Cadmua, les temples d'Hercule, d'Hélène et le Plataniste. J'ai compté dans ce vaste espace sept ruines debout et hors de terre, mais tout-à-fait informes et dégradées. Comme je pouvais choisir, j'ai donné à l'un de ces débris le nom de temple d'Hélène ; à l'autre, celui du tombeau d'Alcman : j'ai cru voir les monuments héroïques d'Egée et de Cadmus ; je me suis déterminé ainsi pour la fable, et n'ai reconnu pour l'histoire que le temple de Lycurgue.

En regardant maintenant vers le nord, et toujours du sommet de la citadelle, on voit une assez haute colline qui domine même celle où la citadelle est bâtie, ce qui contredit le texte de Pausanias. C'est dans la vallée que forment ces deux collines que devaient se trouver la place publique et les monuments que cette dernière renfermait, tels que le sénat des Gérontes, le Chœur, le Portique des Perses, etc. Il n'y a aucune ruine de ce côté. Au nord-ouest s'étendait la tribu des Cynosures, par où j'étais entré à Sparte, et où j'ai remarqué le long mur.

Tournons-nous à présent à l'ouest, et nous apercevrons, sur un terrain uni, derrière et au pied du théâtre, trois ruines dont l'une est assez haute et arrondie comme une tour : dans cette direction se trouvaient la tribu des Pitanates, le Théomélide, les tombeaux de Pausanias et de Léonidas, le Lesché des Crotanes et le temple de Diane Isora.

Enfin, si l'on ramène ses regards au midi, on verra une terre inégale que soulèvent çà et là des racines de murs rasés au niveau du sol. Il faut que les pierres en aient été emportées, car on ne les aperçoit point à l'entour. La maison de Ménélas s'élevait dans cette perspective ; et plus loin, sur le chemin d'Amyclée, on rencontrait le temple des Dioscures et des Grâces. Cette description deviendra plus intelligible si le lecteur veut avoir recours à Pausanias, ou simplement au *Voyage d'Anacharsis*.

Tout cet emplacement de Lacédémone est inculte : le soleil l'embrase en silence et dévore incessamment le marbre des tombeaux. Quand je vis ce désert, aucune plante n'en décorait les débris, aucun oiseau, aucun insecte ne les animait, hors des millions de lézards qui montaient et descendaient sans bruit le long des murs brûlants. Une douzaine de chevaux à demi sauvages paissaient çà et là une herbe flétrie ; un pâtre cultivait dans un coin du théâtre quelques pastèques ; et à Magoula, qui donne son triste nom à Lacédémone, on remarquait un petit bois de cyprès. Mais ce Magoula même, qui fut autrefois un village turc assez considérable, a péri dans ce champ de mort : ses masures sont tombées, et ce n'est plus qu'une ruine qui annonce des ruines.

Je descendis de la citadelle, et je marchai pendant un quart d'heure pour arriver à l'Eurotas. Je le vis à peu près tel que je l'avais passé deux lieues plus haut sans le connaître : il peut avoir devant Sparte la largeur de la Marne au-dessus de Charenton. Son lit, presque desséché en été, présente une grève semée de petits cailloux, plantée de roseaux et de lauriers roses, et sur laquelle coulent quelques filets d'une eau fraîche et limpide. Cette eau me parut excellente ; j'en bus abondamment, car je mourais de soif. L'Eurotas mérite certainement l'épithète de : *aux beaux roseaux*, que lui a donnée Euripide ; mais je ne sais s'il doit garder celle d'*Olorifer*, car je n'ai point aperçu de cygnes dans ses eaux. Je suivis son cours, espérant rencontrer ces oiseaux qui, selon Platon, ont avant d'expirer une vue de l'Olympe et c'est pourquoi leur dernier chant est si mélodieux : mes recherches furent inutiles.

Les fleuves fameux ont la même destinée que les peuples fameux : d'abord ignorés, puis célébrée sur toute la terre, ils retombent ensuite dans leur première obscurité. L'Eurotas, appelé d'abord *Himère*, coule maintenant oublié sous le nom d'*Iri*, comme le Tibre, autrefois l'Albula, porte aujourd'hui à la mer les eaux inconnues du Tevère. J'examinai les ruines du pont Babyx, qui sont peu de chose. Je cherchai l'île du Plataniste, et je crois l'avoir trouvée au-dessous même du Magoula ; c'est un terrain de forme triangulaire, dont un côté est baigné par l'Eurotas, et dont les deux autres côtés sont fermés par des fossés pleins de joncs, où coule pendant l'hiver la rivière de Magoula, l'ancien Cnacion. Il y a dans cette île quelques mûriers et des sycomores, mais point de platanes.

La vue dont on jouit en marchant le long de l'Eurotas est bien différente de celle que l'on découvre du sommet à la citadelle. Le fleuve suit un lit tortueux, et se cache, comme je l'ai dit, parmi des roseaux et des lauriers roses aussi grands que des arbres ; sur la rive gauche, les monts Ménélaïons, d'un aspect aride et rougeâtre, forment contraste avec la fraîcheur et la verdure du cours de l'Eurotas. Sur la rive droite, le Taygète déploie son magnifique rideau : tout l'espace compris entre ce rideau et le fleuve est occupé par les collines et les ruines de Sparte ; ces collines et ces ruines ne paraissent point désolées comme lorsqu'on les voit de près : elles semblent au contraire teintes de pourpre, de violet, d'or pâle. Ce ne sont point les prairies et les feuilles d'un vert cru et froid qui font les admirables paysages ; ce sont les effets de la lumière : voilà pourquoi les rochers et les bruyères de la baie de Naples seront toujours plus belles que les vallées les plus fertiles de la France et de l'Angleterre.

Ainsi, après des siècles d'oubli, ce fleuve qui vit errer sur ses bords les Lacédémoniens illustrés par Plutarque, ce fleuve, dis-je, s'est peut-être réjoui dans son abandon d'entendre retentir autour de ses rives les pas d'un obscur étranger. C'était le 18 août 1806, à neuf heures du matin, que je fis seul, le long de l'Eurotas, cette promenade qui ne s'effacera jamais de ma mémoire. Si je hais les mœurs des Spartiates, je ne méconnais point la grandeur d'un peuple libre, et je n'ai point foulé sans émotion sa noble poussière. Un seul fait suffit à la gloire de ce peuple : quand Néron visita la Grèce, il n'osa entrer dans Lacédémone. Quel magnifique éloge de cette cité !

Je retournai à la citadelle en m'arrêtant à tous les débris que je rencontrais sur mon chemin. Comme Misitra a vraisemblablement été bâtie avec les ruines de Sparte, cela sans doute aura beaucoup contribué à la dégradation des monuments de cette dernière ville. Je trouvai mon compagnon exactement dans la même place où je l'avais laissé : il s'était assis, il avait dormi : il venait de se réveiller ; il fumait ; il allait dormir encore.

Il était midi ; le soleil dardait à plomb ses rayons sur nos têtes. Nous nous mîmes à l'ombre dans un coin du théâtre, et nous mangeâmes d'un grand appétit du pain et des figues sèches que nous avions apportés de Misitra. Je me mis à écrire des notes et à prendre la vue des lieux : tout cela dura deux grandes heures, après quoi je voulus examiner les monuments à l'ouest de la citadelle. C'était de ce côté que devait être le tombeau de Léonidas. Le janissaire m'accompagna, tirant les chevaux par la bride ; nous allions errant de ruine en ruine. Nous étions les deux seuls hommes vivants au milieu de tant de morts illustres ; tous deux barbares, étrangers l'un à l'autre ainsi qu'à la Grèce, sortis des forêts de la Gaule et des rochers du Caucase, nous nous étions rencontrés au fond du Péloponèse, moi pour passer, lui pour vivre sur les tombeaux qui n'étaient pas ceux de nos aïeux.

J'interrogeai vainement les moindres pierres pour leur demander les cendres de Léonidas. J'eus pourtant un moment d'espoir : près de cette espèce de tour que j'ai indiqué à l'ouest de la citadelle, je vis des débris de sculpture qui me semblèrent être ceux d'un lion. Nous savons par Hérodote qu'il y avait un lion de pierre sur le tombeau de Léonidas, circonstance qui n'est pas rapportée par Pausanias. Je redoublai d'ardeur ; tous mes soins furent inutiles (1). Je ne sais si c'est dans cet endroit que l'abbé Fourmont fit la découverte de trois monuments curieux. L'un était un cippe sur lequel était gravé le nom de *Jérusalem :* il s'agissait peut-être de

(1) Ma mémoire me trompait ici : le lion dont parle Hérodote était aux Thermopyles. Cet historien ne dit pas même que les os de Léonidas furent transportés dans sa patrie. Il prétend, au contraire, que Xercès fit mettre en croix le corps de ce prince. Ainsi, les débris du lion que j'ai vu à Sparte ne peuvent point indiquer la tombe de Léonidas. On croit bien que je n'avais pas un *Hérodote* à la main sur les ruines de Lacédémone ; je n'avais porté dans mon voyage que *Racine*, *le Tasse*, *Virgile* et *Homère*, celui-ci avec des feuillets blancs pour écrire des notes. Il n'est donc pas bien étonnant qu'obligé de tirer mes ressources de ma mémoire, j'ai pu me méprendre sur un lieu, sans néanmoins me tromper sur un fait. On peut voir deux jolies épigrammes de l'*Anthologie* sur ce lion de pierre des Thermopyles.

cette alliance des Juifs et des Lacédémoniens dont il est parlé dans les *Machabées;* les deux autres monuments étaient les inscriptions sépulcrales de Lysander et d'Agésilas : un Français devait naturellement retrouver le tombeau de deux grands capitaines. Je remarquerai que c'est à mes compatriotes que l'Europe doit les premières notions satisfaisantes qu'elle ait eues sur les ruines de Sparte et d'Athènes (1). Deshayes, envoyé par Louis XIII à Jérusalem, passa l'an 1629 à Athènes : nous avons son *Voyage*, que Chnadler n'a pas connu. Le père Babin, jésuite, donna en 1672 sa relation de l'*État présent de la ville d'Athènes;* cette relation fut rédigée par Spon, avant que ce sincère et habile voyageur eût commencé ses courses avec Wheler. L'abbé Fourmont et Leroi ont répandu les premiers des lumières certaines sur la Laconie, quoiqu'à la vérité Vernon eût passé à Sparte avant eux; mais on n'a qu'une seule lettre de cet Anglais : il se contente de dire qu'il a vu Lacédémone, et il n'entre dans aucun détail. Pour moi, j'ignore si mes recherches passeront à l'avenir; mais du moins j'aurai mêlé mon nom au nom de Sparte, qui peut seule le sauver de l'oubli; j'aurai, pour ainsi dire, retrouvé cette cité immortelle, en donnant sur ses ruines des détails jusqu'ici inconnus : un simple pêcheur, par naufrage ou par aventure, détermine souvent la position de quelques écueils qui avaient échappé aux soins des pilotes les plus habiles.

(1) On a bien sur Athènes les deux lettres de la collection de Martin Crusius, en 1584; mais, outre qu'elles ne disent presque rien, elles sont écrites par les Grecs natifs de la Morée, et par conséquent elles ne sont point le fruit des recherches des voyageurs modernes. Spon cite encore le manuscrit de la bibliothèque Barberine, à Rome, qui remontait à deux cents ans avant son voyage, et où il trouva quelques dessins d'Athènes.

Il y avait à Sparte une foule d'autels et de statues consacrés au sommeil, à la mort, à la beauté, divinités de tous les hommes ; à la Peur sous les armes, apparemment celle que les Lacédémoniens inspiraient aux ennemis : rien de tout cela n'est resté ; mais je lus sur une espèce de socle ces quatre lettre *Lasm*. Faut-il rétablir *Glasma?* Serait-ce le piédestal de cette statue du Rire que Lycurgue plaça chez les graves descendants d'Hercule ? L'autel du Rire subsistant seul au milieu de Sparte ensevelie offrirait un beau sujet de triomphe à la philosophie de Démocrite !

Le jour finissait lorsque je m'arrachai à ces illustres débris, à l'ombre de Lycurgue, au souvenir des Thermopyles et à tous les mensonges de la fable et de l'histoire. Le soleil disparut derrière le Taygète, de sorte que je le vis commencer et finir son tour sur les ruines de Lacédémone. Il y avait trois mille cinq cent quarante-trois ans qu'il s'était levé et couché pour la première fois sur cette ville naissante. Je partis l'esprit rempli des objets que je venais de voir, et livré à des réflexions intarissables : de pareilles journées font ensuite supporter patiemment beaucoup de malheurs, et rendent surtout indifférent à bien des spectacles.

Nous remontâmes le cours de l'Eurotas pendant une heure et demie, au travers des champs, et nous tombâmes dans le chemin du Tripolizze. Joseph et le guide étaient campés de l'autre côté de la rivière, auprès du pont : ils avaient allumé du feu avec des roseaux.

Après le souper, Joseph apporta ma selle, qui me servait ordinairement d'oreiller ; je m'enveloppai dans mon manteau, et je me couchai au bord de l'Eurotas, sous un laurier. La nuit était si pure et si sereine, que la voie lactée formait comme une aube réfléchie par l'eau du fleuve, et à la clarté de laquelle on aurait pu lire. Je m'endormis les yeux attachés au ciel.

Je me rappelle encore le plaisir que j'éprouvais autrefois à me reposer ainsi dans les bois de l'Amérique, et sutout à me réveiller au milieu de la nuit. J'écoutais le bruit du vent dans la solitude, le bramement des daims et des cerfs, le mugissement d'une cataracte éloignée, tandis que mon bûcher, à demi éteint, rougissait en dessous le feuillage des arbres. J'aimais jusqu'à la voix de l'Iroquois, lorsqu'il élevait un cri du sein des forêts, et qu'à la clarté des étoiles, dans le silence de la nature, il semblait proclamer sa liberté sans bornes. Tout cela plaît à vingt ans, parce que la vie ne suffit pour ainsi dire à elle-même, et qu'il y a dans la première jeunesse quelque chose d'inquiet et de vague qui nous porte incessamment aux chimères, *ipsi sibi somnia fingunt;* mais, dans un âge plus mûr, l'esprit revient à des goûts plus solides : il veut surtout se nourrir des souvenirs et des exemples de l'histoire. Je dormirais encore volontiers au bord de l'Eurotas ou du Jourdain, si les ombres héroïques des trois cents Spartiates ou les douze fils de Jacob devaient visiter mon sommeil; mais je n'irais plus chercher une terre nouvelle qui n'a point été déchirée par le soc de la charrue ; il me faut à présent de vieux déserts qui me rendent à volonté les murs de Babylone ou les légions de Pharsale, *grandia ossa!* des champs dont les sillons m'instruisent, et où je retrouve homme que je suis, le sang, les larmes et les sueurs de l'homme.

Le 19, à trois heures du matin, nous sellâmes nos chevaux et nous partîmes. Je tournai la tête vers Sparte, et je jetai un dernier regard sur l'Eurotas : je ne pouvais me défendre de ce sentiment de tristesse qu'on éprouve en présence d'une grande ruine, et en quittant des lieux qu'on ne reverra jamais.

ARGOS. — MYCÈNES.

Le chemin qui conduit de la Laconie dans l'Argolide était dans l'antiquité ce qu'il est encore aujourd'hui, un des plus rudes et des plus sauvages de la Grèce. Nous suivîmes pendant quelque temps la route de Tripolizza ; puis, tournant au levant, nous nous enfonçâmes dans des gorges de montagnes. Nous marchions rapidement dans des ravines et sous des arbres qui nous obligeaient de nous coucher sur le cou de nos chevaux. Je frappai si rudement de la tête contre une branche de ces arbres, que je fus jeté à dix pas sans connaissance. Comme mon cheval continuait de galoper, mes compagnons de voyage, qui me devançaient, ne s'aperçurent pas de ma chute : leurs cris, quand ils revinrent à moi, me tirèrent de mon évanouissement.

A quatre heures du matin nous parvînmes au sommet d'une montagne où nous laissâmes reposer nos chevaux. Le froid devint si piquant, que nous fûmes obligés d'allumer un feu de bruyères. Je ne puis assigner de nom à ce lieu peu célèbre dans l'antiquité; mais nous devions être vers les sources du Lœnus, dans la chaîne du mont Eva, et peu éloignés de Prasiæ, sur le golfe d'Argos.

Nous arrivâmes à midi à un gros village appelé *Saint-Paul*, assez voisin de la mer : on n'y parlait que d'un événement tragique qu'on s'empressa de nous raconter.

Une fille de ce village, ayant perdu son père et sa mère, et se trouvant maîtresse d'une petite fortune, fut envoyée par ses parents à Constantinople. A dix-huit ans elle revint dans son village : elle parlait le turc, l'italien et le français; et quand il passait des étrangers à Saint-Paul, elle les recevait avec une politesse qui fit soupçonner sa vertu. Les chefs des paysans s'assemblèrent. Après avoir examiné entre eux la conduite de l'orpheline, ils résolurent de se défaire d'une fille qui déshonorait le village. Ils se procurèrent d'abord la somme fixée en Turquie pour le meurtre d'une chrétienne; ensuite ils entrèrent pendant la nuit chez la jeune fille, l'assommèrent; et un homme qui attendait la nouvelle de l'exécution alla porter au pacha le prix du sang. Ce qui mettait en mouvement tous ces Grecs de Saint-Paul, ce n'était pas l'atrocité de l'action, mais l'avidité du pacha, car celui-ci, qui trouvait aussi l'action toute simple, et qui convenait avoir reçu la somme fixée pour un assassinat ordinaire, observait pourtant que la beauté, la jeunesse, la science, les voyages de l'orpheline, lui donnaient (à lui pacha de Morée) de justes droits à une indemnité : en conséqnence Sa Seigneurie avait envoyé le jour même deux janissaires pour demander une nouvelle contribution.

Le village de Saint-Paul est agréable ; il est arrosé de fontaines ombragées de pins de l'espèce sauvage, *pinus sylsvestris*. Nous y trouvâmes un de ces médecins italiens qui courent toute la Morée : je me fis tirer du sang. Je mangeai d'excellent lait dans une maison fort propre, ressemblant assez à une cabane suisse. Un jeune Moraïte vint s'asseoir devant moi : il avait l'air de Méléagre pour la taille et le vêtement. Les paysans grecs ne sont point habillés comme les Grecs levantins que nous voyons en France : ils portent une tunique qui leur descend jusqu'aux genoux, et qu'ils rattachent avec une ceinture ; leurs larges culottes sont cachées par le bas de cette tunique ; ils croisent sur leurs jambes nues les bandes qui retiennent leurs sandales; à la coiffure près, ce sont absolument d'anciens Grecs sans manteau.

Nous étions partis de Saint-Paul à deux heures de l'après-midi, après avoir changé de chevaux, et nous suivions le chemin de l'ancienne Cynurie. Vers les quatre heures le guide nous cria que nous allions être attaqués ; en effet, nous aperçûmes quelques hommes armés dans la montagne ; ils nous regardèrent longtemps, et nous laissèrent tranquillement passer. Nous entrâmes dans les monts Parthénius, et nous descendîmes au bord d'une rivière dont le cours nous conduisit jusqu'à la mer. On découvrait la citadelle d'Argos, Nauplie en face de nous, et les montagnes de la Corinthie vers Mycènes. Du point où nous étions parvenus, il y avait encore trois heures de marche jusqu'à Argos, il fallait tourner le fond du golfe en traversant le marais de Lerne, qui s'étendait entre la ville et le lieu où nous nous trouvions. Nous passâmes auprès du jardin d'un aga, où je remarquai des peupliers de Lombardie mêlés à des cyprès, à des citronniers, à des orangers, et à une foule d'arbres que je n'avais point vus jusqu'alors en Grèce. Peu après le guide se trompa de chemin, et nous nous trouvâmes engagés sur d'étroites chaussées qui séparent de petits étangs et des rivières inondées. La nuit nous surprit au milieu de cet embarras : il fallait à chaque pas faire sauter de larges fossés à nos chevaux qu'effrayaient l'obscurité, le coassement d'une multitude de grenouilles, et les flammes violettes qui couraient sur le marais. Le cheval du guide s'abattit ; et, comme nous marchions à la file nous trébuchâmes les uns sur les autres dans un fossé. Nous criions tous à la fois sans nous entendre ; l'eau était assez profonde pour que les chevaux pussent y nager et s'y noyer avec leurs maîtres ; ma saignée s'était rouverte, et je souffrais beaucoup de la tête. Nous sortîmes enfin miraculeusement de ce bourbier, mais nous étions dans l'impossibilité de gagner Argos. Nous aperçûmes à travers les roseaux une petite lumière : nous nous dirigeâmes de ce côté, mourant de froid, couverts de boue, tirant nos chevaux par la bride, et courant le risque à chaque pas de nous replonger dans quelque fondrière.

La lumière nous guida à une ferme située au milieu du marais, dans le voisinage du village de Lerne : on venait d'y faire la moisson ; les moissonneurs étaient couchés sur la terre ; ils se levaient sous nos pieds, et s'enfuyaient comme des bêtes fauves. Nous parvînmes à les rassurer, et nous passâmes le reste de la nuit avec eux sur un fumier de brebis, lieu le moins sale et le moins humide que nous pûmes trouver. Je serais en droit de faire une querelle à Hercule, qui n'a pas bien tué l'hydre de Lerne ; car je gagnai dans ce lieu malsain une fièvre qui ne me quitta tout-à-fait qu'en Egypte.

Au lever de l'aurore, j'étais à Argos : le village qui remplace cette ville célèbre est plus propre et plus animé que la plupart des autres villages de la Morée. Sa position est fort belle au fond du golfe de Nauplie ou d'Argos, à une lieue et demie de la mer ; il y a d'un côté les montagnes de la Cynurie et l'Arcadie, et de l'autre les hauteurs de Trézène et d'Epidaure.

Les terres me parurent incultes et désertes, les montagnes sombres et nues, sorte de nature féconde en grands crimes et en grandes vertus. Je visitai ce qu'on appelle les restes du palais d'Agamemnon, les débris du théâtre et d'un aqueduc romain ; je montai à la citadelle, je voulais voir jusqu'à la moindre pierre qu'avait pu remuer la main du roi des rois. Qui se peut vanter de jouir de quelque gloire auprès de ces familles chantées par Homère, Eschyle, Sophocle, Euripide et Racine ? Et quand on voit pourtant sur les lieux combien peu de chose reste de ces familles, on est merveilleusement étonné !

Il y a déjà longtemps que les ruines d'Argos ne répondent plus à la grandeur de son nom. Chandler les trouva en 1756 absolument telles que je les ai vues ; l'abbé Fourmont, en 1746, et Pellegrin, en 1719, n'avaient pas été plus heureux. Les Vénitiens ont surtout contribué à la dégradation des monuments de cette ville, en employant ses débris à bâtir le château de la Pálamide. Il y avait à Argos, du temps de Pausanias, une statue de Jupiter remarquable parce qu'elle avait trois yeux, et bien plus remarquable encore par une autre raison : Sthénélus l'avait apportée de Troie ; c'était, disait-on, la statue même aux pieds de laquelle Priam fut massacré dans son palais par le fils d'Achille :

Ingens ara fuit, juxtaque veterrima laurus,
Incumbens aræ, atque umbra complexa Penates.

Mais Argos, qui triomphait sans doute lorsqu'elle montrait dans ses murs les Pénates qui trahirent les foyers de Priam, Argos offrit bientôt elle-même un grand exemple des vicissitudes du sort. Dès le règne de Julien l'Apostat, elle était tellement déchue de sa gloire, qu'elle ne put, à cause de sa pauvreté, contribuer au rétablissement et aux frais des jeux Isthmiques. Julien plaida sa cause contre les Corinthiens : nous avons encore ce plaidoyer dans les ouvrages de cet empereur (*Ep.* xxv). C'est un des plus singuliers documents de l'histoire des choses et des hommes. Enfin Argos, la patrie du roi des rois, devenue dans le moyen-âge l'héritage d'une veuve vénitienne, fut vendue par cette veuve à la république de Venise pour deux cents ducats de rente viagère, et cinq cents une fois payés. Coronelli rapporte le contrat : *Omnia vanitas !*

Nous causions sur la terrasse de la maison qui dominait le golfe d'Argos : c'était peut-être du haut de cette terrasse qu'une pauvre femme lança la tuile qui mit fin à la gloire et aux aventures de Pyrrhus.

Je pris avec de nouveaux chevaux et un nouveau guide le chemin de Corinthe.

Après une demi-heure de marche, nous traversâmes l'Inachus, père d'Io, si célèbre par la jalousie de Junon : avant d'arriver au lit de ce torrent, on trouvait autrefois, en sortant d'Argos, la porte Lucine et l'autel du soleil. Une demi-lieue plus loin, de l'autre côté de l'Inachus, nous aurions dû voir le temple de Cérès Mysienne, et plus loin encore le tombeau de Thyeste, et le monument héroïque de Persée. Nous nous arrêtâmes à peu près à la hauteur où ces derniers monuments existaient à l'époque du voyage de Pausanias. Nous allions quitter la plaine d'Argos, sur laquelle on a un très bon mémoire de M. Barbier du Bocage. Près d'entrer dans les montagnes de la Corinthie, nous voyions Nauplie derrière nous. L'endroit où nous étions parvenus se nomme *Carvati*, et c'est là qu'il faut se détourner de la route pour chercher un peu sur la droite les ruines de Mycènes. Nous traversâmes une bruyère : un petit sentier nous conduisit à ces débris, qui sont à peu près tels qu'ils étaient du temps de Pausanias ; car il y a plus de deux mille deux cent quatre-vingts années que Mycènes est détruite. Les Argiens la renversèrent de fond en comble, jaloux de la gloire qu'elle s'était acquise en envoyant quarante guerriers mourir avec les Spartiates aux Thermopyles. Nous commençâmes par examiner le tombeau auquel on a donné le nom de *tombeau d'Agamemnon* . c'est un monument souterrain, de forme ronde, qui reçoit la lumière par le dôme, et qui n'a rien de remarquable, hors la simplicité de l'architecture. On y entre par une tranchée qui aboutit à la porte du tombeau : cette porte était ornée de pilastres d'un marbre bleuâtre assez commun, tiré des montagnes voisines. C'est lord Elgin qui a fait ouvrir ce monument et déblayer les terres qui encombraient l'intérieur. Une petite porte surbaissée conduit de la chambre principale à une chambre de moindre étendue. Après l'avoir attentivement examinée, je crois que cette dernière chambre est tout simplement une excavation faite par les ouvriers hors du tombeau, car je n'ai point remarqué de murailles. Resterait à expliquer l'usage de la petite porte, qui n'était peut-être qu'une autre ouverture du sépulcre. Ce sépulcre a-t-il toujours été caché sous la terre, comme la rotonde des catacombes à Alexandrie ? S'élevait-il, au contraire, au-dessus du sol, comme le tombeau de Cecilia Metella à Rome ? Avait-il une architecture extérieure, et de quel ordre était-elle ? Toutes questions qui restent à éclaircir. On n'a rien trouvé dans le tombeau, et l'on n'est pas même assuré que ce soit celui d'Agamemnon, dont Pausanias a fait mention (1).

En sortant de ce monument, je traversai une vallée stérile ; et, sur le flanc d'une colline opposée, je vis les ruines de Mycènes : j'admirai surtout une des portes de la ville, formée de quartiers de roches gigantesques posés sur les rochers mêmes de la montagne, avec lesquels elles ont l'air de ne faire qu'un tout. Deux lions de forme colossale, sculptés des deux côtés de cette porte, en sont le seul ornement : ils sont représentés en relief, debout et en regard, comme les lions qui soutenaient les armoiries de nos anciens chevaliers ; ils n'ont plus de têtes. Je n'ai point vu, même en Egypte, d'architecture plus imposante, et le désert où elle se trouve ajoute encore à sa gravité : elle est du genre de ces ouvrages que Strabon et Pausanias attribuent aux Cyclopes, et dont on trouve des traces en Italie. M. Petit-Radel veut que cette architecture ait précédé l'invention des ordres. Au reste, c'était un enfant tout nu, un pâtre, qui me montrait dans cette solitude le tombeau d'Agamemnon et les ruines de Mycènes.

Au bas de la porte dont j'ai parlé est une fontaine qui sera, si l'on veut, celle que Persée trouva sous un champignon, et qui donna son nom à Mycènes : car *mycès* veut dire en grec un champignon, ou le pommeau d'une épée : ce conte est de Pausanias. En voulant regagner le chemin de Corinthe, j'entendis le sol retentir sous les

(1) Les Lacédémoniens se vantaient aussi de posséder les cendres d'Agamemnon.

pas de mon cheval. Je mis pied à terre, et je découvris la voûte d'un autre tombeau.

Pausanias compte à Mycènes cinq tombeaux : le tombeau d'Atrée, celui d'Agamemnon, celui d'Eurimédon, celui de Télédamus et de Pélops, et celui d'Electre. Il ajoute que Clytemnestre et Egisthe étaient enterrés hors des murs : ce serait donc le tombeau de Clytemnestre et d'Egisthe que j'aurais retrouvé? Je l'ai indiqué à M. Fauvel, qui doit le chercher à son premier voyage à Argos : singulière destinée qui me fait sortir tout exprès de Paris pour découvrir les cendres de Clytemnestre.

CORINTHE.

Nous laissâmes Némée à notre gauche, et nous poursuivîmes notre route : nous arrivâmes de bonne heure à Corinthe par une espèce de plaine que traversent des courants d'eau, et que divisent des monticules isolés, semblables à l'Acro-Corinthe, avec lequel ils se confondent. Nous aperçûmes celui-ci longtemps avant d'y arriver, comme une masse irrégulière de granit rougeâtre, couronné d'une ligne de murs tortueux. Tous les voyageurs ont décrit Corinthe. Spon et Wheler visitèrent la citadelle, où ils trouvèrent la fontaine Pyrène ; mais Chandler ne monta point à l'Acro-Corinthe, et M. Fauvel nous apprend que les Turcs n'y laissent plus entrer personne. En effet, je ne pus même obtenir la permission de me promener dans les environs, malgré les mouvements que se donna pour cela mon janissaire. Au reste, Pausanias, dans sa *Corinthie*, et Plutarque, dans la *Vie d'Aratus*, nous ont fait connaître parfaitement les monuments et les localités de l'Acro-Corinthe.

Nous étions venus descendre à un kan assez propre, placé au centre de la bourgade, et peu éloigné du bazar. Le janissaire partit pour la provision ; Joseph prépara le dîner ; et, pendant qu'ils étaient ainsi occupés, j'allai rôder seul dans les environs.

Corinthe est située au pied des montagnes, dans une plaine qui s'étend jusqu'à la mer de Crissa, aujourd'hui le golfe de Lépante, seul nom moderne qui, dans la Grèce, rivalise de beauté avec les noms antiques. Quand le temps est serein, on découvre par delà cette mer la cime de l'Hélicon et du Parnasse ; mais on ne voit pas de la ville même la mer Saronique ; il faut pour cela monter à l'Acro-Corinthe ; alors on aperçoit non-seulement cette mer, mais les regards s'étendent jusqu'à la citadelle d'Athènes et jusqu'au cap Colonne. « C'est, dit » Spon, une des plus belles vues de l'univers. » Je le crois aisément ; car, même au pied de l'Acro-Corinthe, la perspective est enchanteresse. Les maisons du village, assez grandes et assez bien entretenues, sont répandues par groupes sur la plaine, au milieu des mûriers, des orangers et des cyprès ; les vignes, qui font la richesse du pays, donnent un air frais et fertile à la campagne. Elles ne sont ni élevées en guirlandes sur des arbres comme en Italie, ni tenues basses comme aux environs de Paris. Chaque cep forme un faisceau de verdure isolé autour duquel les grappes pendent en automne comme des cristaux. Les cimes du Parnasse et de l'Hélicon, le golfe de Lépante, qui ressemble à un magnifique canal, le mont Oneïus, couvert de myrtes, forment au nord et au levant l'horizon du tableau, tandis que l'Acro-Corinthe, les montagnes de l'Argolide et de la Sicyonie s'élèvent au midi et au couchant. Quant aux monuments de Corinthe, ils n'existent plus. M. Foucherot n'a découvert parmi les ruines que deux chapitaux corinthiens, unique souvenir de l'ordre inventé dans cette ville.

Corinthe, renversée de fond en comble par Mummius, rebâtie par Jules César et par Adrien, une seconde fois détruite par Alaric, relevée encore par les Vénitiens, fut saccagée une troisième et dernière fois par Mahomet II. Strabon la vit peu de temps après son rétablissement, sous Auguste ; Pausanias l'admira du temps d'Adrien ; et, d'après les monuments qu'il nous a décrits, c'était à cette époque une ville superbe. Il eut été curieux de savoir ce qu'elle pouvait être en 1173, quand Benjamin de Tudèle y passa ; mais ce juif espagnol raconte gravement qu'il arriva à Patras, « ville d'Antipater, dit-il, un des » quatre rois grecs qui partagèrent l'empire d'Alexan- » drie. » De là il se rend à Lépante et à Corinthe : il trouve dans cette dernière ville trois cents juifs conduits par les vénérables rabbins Léon, Jacob et Ezéchias ; et c'était tout ce que Benjamin cherchait.

Un peuple maritime, un roi qui fut un philosophe et qui devint un tyran, un barbare de Rome, qui croyait qu'on remplace des statues de Praxitèle comme des cuirasses de soldats ; tous ces souvenirs ne rendent pas Corinthe fort intéressante : mais on a pour ressource Jason, Médée, la fontaine Pyrène, Pégase, les jeux Isthmiques institués par Thérèse et chantés par Pindare ; c'est-à-dire, comme à l'ordinaire, la fable et la poésie. Je ne parle point de Denys et de Timoléon : l'un qui fut assez lâche pour ne pas mourir, l'autre assez malheureux pour vivre.

Si jamais je montais sur un trône, je n'en descendrais que mort; et je ne serai jamais assez vertueux pour tuer mon frère : je ne me soucie donc point de ces deux hommes.

On fait encore des vases à Corinthe, mais ce ne sont plus ceux que Cicéron demandait avec tant d'empressement à son cher Atticus. Il paraît, au reste, que les Corinthiens ont perdu le goût qu'ils avaient pour les étrangers : tandis que j'examinais un marbre dans une vigne, je fus assailli d'une grêle de pierres; apparemment que les descendants de Laïs veulent maintenir l'honneur du proverbe.

Lorsque les Césars relevaient les murs de Corinthe, et que les temples des dieux sortaient de leurs ruines plus éclatants que jamais, il y avait un ouvrier obscur (l'apôtre Paul), qui bâtissait en silence un monument resté debout au milieu des débris de la Grèce. Cet ouvrier était un étranger qui disait de lui-même : « J'ai été » battu de verges trois fois; j'ai été lapidé une fois; » j'ai fait naufrage trois fois. J'ai fait quantité de voya- » ges, et j'ai trouvé divers périls sur les fleuves : périls » de la part des voleurs, périls de la part de ceux de » ma nation, périls de la part des Gentils, périls au » milieu des villes, périls au milieu des déserts, périls » entre les faux frères; j'ai souffert toutes sortes de tra- » vaux et de fatigues, de fréquentes veilles, la faim et la » soif, beaucoup de peines, le froid et la nudité. » Cet homme, ignoré des grands, méprisé de la foule, rejeté comme « les balayures du monde, » ne s'associa d'abord que deux compagnons, Crispus et Caïus, avec la famille de Stéphanas : tels furent les architectes inconnus d'un temple indestructible et les premiers fidèles de Corinthe.

Le voyageur parcourt des yeux l'emplacement de cette ville célèbre : il ne voit pas un débris des autels du paganisme, mais il aperçoit quelques chapelles chrétiennes qui s'élèvent du milieu des cabanes des Grecs. L'apôtre peut encore donner, du haut du ciel, le salut de paix à ses enfants, et leur dire : « Paul à l'église de Dieu, qui est à Corinthe. »

Il était à peu près huit heures du matin quand nous partîmes de Corinthe le 21, après une assez bonne nuit. Deux chemins conduisaient de Corinthe à Mégare : l'un traverse le mont Géranien, aujourd'hui Palæ-Voumi (la Vieille-Montagne) ; l'autre côtoie la mer Saronique, le long des roches Scyroniennes. Ce dernier est le plus curieux. C'était le seul connu des anciens voyageurs, car ils ne parlent pas du premier ; mais les Turcs ne permettent plus de le suivre ; ils ont établi un poste militaire au pied du mont Onéïus, à peu près au milieu de l'isthme, pour être à portée des deux mers : le ressort de la Morée finit là, et l'on ne peut passer la grand'garde sans montrer un ordre exprès du pacha.

Nous nous enfonçâmes dans les défilés du mont Onéïus, perdant de vue et retrouvant tour à tour la mer Saronique et Corinthe. Du plus haut de ce mont, qui prend le nom de *Macriplaysi*, nous descendîmes au Dervène, autrement à la grand'garde. Je ne sais si c'est là qu'il faut placer Crommyon ; mais certes je n'y trouvais pas des hommes plus humains que Pytiocamptès (1). Je montrai mon ordre du pacha. Le commandant m'invita à fumer la pipe et à boire le café dans sa baraque. C'était un gros

(1) *Coupeur de Pins :* brigand tué par Thésée.

homme d'une figure calme et apathique, ne pouvant faire un mouvement sur sa natte sans soupirer, comme s'il éprouvait une douleur : il examina mes armes, me fit remarquer les siennes, surtout une longue carabine, qui portait, disait-il, fort loin. Les gardes aperçurent un paysan qui gravissait la montagne hors du chemin ; ils lui crièrent de descendre ; celui-ci n'entendit point la voix. Alors le commandant se leva avec effort, prit sa carabine, ajusta longtemps entre les sapins le paysan, et lui lâcha son coup de fusil. Le Turc revint, après cette expédition, se rasseoir sur sa natte, aussi tranquille, aussi bon homme qu'auparavant. Le paysan descendit à la garde, blessé en toute apparence, car il pleurait et montrait son sang. On lui donna cinquante coups de bâton pour le guérir.

Je me levai brusquement, et d'autant plus désolé, que l'envie de faire briller devant moi son adresse avait peut-être déterminé ce bourreau à tirer sur le paysan. Joseph ne voulut pas traduire ce que je disais, et peut-être la prudence était-elle nécessaire dans ce moment; mais je n'écoutais guère la prudence.

Je me fis amener mon cheval, et je partis sans attendre le janissaire, qui criait inutilement après moi. Il me rejoignit avec Joseph lorsque j'étais déjà assez avancé sur la croupe du mont Géranien. Mon indignation se calma peu à peu par l'effet des lieux que je parcourais. Il me semblait qu'en approchant d'Athènes, je rentrais dans les pays civilisés, et que la nature prenait quelque chose de moins triste. La Morée est presque entièrement dépourvue d'arbres, quoiqu'elle soit certainement plus fertile que l'Attique. Je me réjouissais de cheminer dans une forêt de pins, entre les troncs desquels j'apercevais la mer. Les plans inclinés qui s'étendent depuis le rivage jusqu'au pied de la montagne étaient couverts d'oliviers et de caroubiers ; de pareils sites sont rares en Grèce.

MÉGARE.

Mégare, qui conserve son nom, et le port de Nisée, qu'on appelle *Dôdeca Ecclésiais* (les Douze Eglises), sans être très célèbres dans l'histoire, avaient autrefois de beaux monuments. La Grèce, sous les empereurs romains, devait ressembler beaucoup à l'Italie dans le dernier siècle : c'était une terre classique où chaque ville était remplie de chefs-d'œuvre. On voyait à Mégare les douze grands dieux de la main de Praxitèle, un Jupiter-Olympien commencé par Théoscome et par Phidias, les tombeaux d'Alcmène, d'Iphigénie et de Térée. J'apercevais de Mégare les deux cimes du Parnasse : cela suffisait bien pour me mettre en mémoire les vers de Virgile et de La Fontaine :

Qualis populea mœrens Philomela, etc.
« Autrefois Progné l'hirondelle, etc. »

La Nuit ou l'Obscurité, et Jupiter-Conius avaient leurs temples à Mégare : on peut bien dire que ces deux divinités y sont restées. On voit çà et là quelques murs d'enceinte : j'ignore si ce sont ceux qu'Apollon bâtit de concert avec Alcarthoüs. Le dieu, en travaillant à cet ouvrage, avait posé sa lyre sur une pierre qui depuis ce temps rendait un son harmonieux quand on la touchait avec un caillou. L'abbé Fourmont recueillit trente inscriptions à Mégare. Pococke, Spon, Wheler et Chandler en trouvèrent quelques autres qui n'ont rien d'intéressant. Je ne cherchai point l'école d'Euclide ; j'aurais mieux aimé la maison de cette pieuse femme qui enterra les os de Phocion sous son foyer.

Après une assez longue course, je retournai chez mon hôte, où l'on m'attendait pour aller voir une malade.

Les Grecs, ainsi que les Turcs, supposent que tous les Francs ont des connaissances en médecine, et des secrets particuliers. La simplicité avec laquelle ils s'adressent à un étranger dans leurs maladies a quelque chose de touchant et rappelle les anciennes mœurs : c'est une noble confiance de l'homme envers l'homme. Les sauvages en Amérique ont le même usage. Je crois que la religion et l'humanité ordonnent dans ce cas au voyageur de se prêter à ce qu'on attend de lui : un air d'assurance, des paroles de consolation peuvent quelquefois rendre la vie à un mourant, et mettre une famille dans la joie.

Un Grec vint donc me chercher pour voir sa fille. Je trouvai une pauvre créature étendue à terre sur une natte et ensevelie sous les haillons dont on l'avait couverte. Elle dégagea son bras, avec beaucoup de répugnance et de pudeur, des lambeaux de la misère, et le laissa retomber mourant sur la couverture. Elle me parut attaquée d'une fièvre putride : je fis débarrasser sa tête des petites pièces d'argent dont les paysannes albanaises ornent leurs cheveux ; le poids des tresses et du métal concentrait la chaleur au cerveau. Je portais avec moi du camphre pour la peste ; je le partageai avec la malade : on l'avait nourrie de raisin, j'approuvai le régime. Enfin, nous priâmes Christos et la Panagia (la Vierge), et je promis prompte guérison. J'étais bien loin de l'espérer : j'ai tant vu mourir, que je n'ai là-dessus que trop d'expérience.

Je trouvai en sortant tout le village assemblé à la porte ; les femmes fondirent sur moi en criant : *crasi ! crasi !* « du vin ! du vin ! » Elles voulaient me témoigner leur reconnaissance en me forçant à boire : ceci rendait mon rôle de médecin assez ridicule. Mais qu'importe si j'ai ajouté à Mégare une personne de plus à celles qui peuvent me souhaiter un peu de bien dans les différentes parties du monde où j'ai erré ? C'est un privilége du voyageur de laisser après lui beaucoup de souvenirs, et de vivre dans le cœur des étrangers quelquefois plus longtemps que dans la mémoire de ses amis.

Je regagnai le kan avec peine. J'eus toute la nuit sous les yeux l'image de l'Albanaise expirante : cela me fit souvenir que Virgile, visitant comme moi la Grèce, fut arrêté à Mégare par la maladie dont il mourut ; moi-même j'étais tourmenté de la fièvre. Mégare avait encore vu passer, il y a quelques années, d'autres Français bien plus malheureux que moi (1). Il me tardait de sortir d'un lieu qui me semblait avoir quelque chose de fatal.

(1 La garnison de Zante.

Nous ne quittâmes pourtant notre gîte que le lendemain, 22 août, à onze heures du matin. L'Albanais qui nous avait reçus voulut me régaler avant mon départ d'une de ces poules sans croupion et sans queue que Chandler croyait particulières à Mégare, et qui ont été apportées de la Virginie ou peut-être d'un petit canton de l'Allemagne. Mon hôte attachait un grand prix à ces poules, sur lesquelles il savait mille contes. Je lui fis dire que j'avais voyagé dans la patrie de ces oiseaux, pays bien éloigné, situé au-delà de la mer, et qu'il y avait dans ce pays des Grecs établis au milieu des bois, parmi les sauvages. En effet, quelques Grecs, fatigués du joug, ont passé dans la Floride, où les fruits de la liberté leur ont fait perdre le souvenir de la terre natale. « Ceux » qui avaient goûté de ce doux fruit n'y pouvaient plus » renoncer ; mais ils voulaient demeurer parmi les Lo» tophages, et ils oubliaient leur patrie (1). »

L'Albanais n'entendait rien à cela : pour toute réponse, il m'invitait à manger sa poule et *fructi di mare*. J'aurais préféré ce poisson appelé *glaucus*, que l'on pêchait autrefois sur la côte de Mégare. Anaxandrides, cité par Athénée, déclare que Nérée seul a pu le premier imaginer de manger la hure de cet excellent poisson ; Antiphane veut qu'il soit bouilli, et Amphis le sert tout entier à ses sept chefs, qui, sur un bouclier noir,

Epouvantaient les cieux de serments effroyables.

Le retard causé par le bon cœur de mon hôte, et plus encore par ma lassitude, nous empêcha d'arriver à Athènes dans la même journée. Sortis de Mégare à onze

(1) *Odyss.*

heures du matin, comme je l'ai déjà dit, nous traversâmes d'abord la plaine, ensuite nous gravîmes le mont Kerato-Pyrgo, le Kerata de l'antiquité : deux roches isolées s'élèvent à son sommet, et sur l'une de ces roches on aperçoit les ruines d'une tour qui donne son nom à la montagne. C'est à la descente de Kerato-Pyrgo, du côté d'Eleusis, qu'il faut placer la palestre de Cercyon et le tombeau d'Alopé. Il n'en reste aucun vestige. Nous rencontrâmes bientôt le Puits-Fleuri au fond d'un vallon cultivé. J'étais presque aussi fatigué que Cérès quand elle s'assit au bord de ce puits, après avoir cherché Proserpine par toute la terre. Nous nous arrêtâmes quelques instants dans la vallée, et puis nous continuâmes notre chemin. En avançant vers Eleusis, je ne vis point les anémones de diverses couleurs que Wheler aperçut dans les champs ; mais aussi la saison en était passée.

Vers les cinq heures du soir nous arrivâmes à une plaine environnée de montagnes au nord, au couchant et au levant. Un bras de mer long et étroit baigne cette plaine au midi, et forme comme la corde de l'arc des montagnes. L'autre côté de ce bras de mer est bordé par les rivages d'une île élevée ; l'extrémité orientale de cette île s'approche d'un des promontoires du continent : on remarque entre ces deux pointes un étroit passage. Je résolus de m'arrêter à un village bâti sur une colline, qui terminait au couchant, près de la mer, le cercle des montagnes dont j'ai parlé.

On distinguait dans la plaine les restes d'un aqueduc et beaucoup de débris épars au milieu du chaume d'une moisson nouvellement coupée ; nous descendîmes de cheval au pied du monticule, et nous grimpâmes à la cabane la plus voisine : on nous y donna l'hospitalité.

Je n'ai rien à raconter d'Eleusis après tant de voyageurs, sinon que je me promenai au milieu de ces ruines, que je descendis au port, et que je m'arrêtai à contempler le détroit de Salamine. Les fêtes et la gloire étaient passées; le silence était égal sur la terre et sur la mer : plus d'acclamations, plus de chants, plus de pompes sur le rivage; plus de cris guerriers, plus de choc de galères, plus de tumulte sur les flots. Mon imagination ne pouvait suffire, tantôt à se représenter la procession religieuse d'Eleusis, tantôt à couvrir le rivage de l'armée innombrable des Perses qui regardaient le combat de Salamine. Eleusis est, selon moi, le lieu le plus respectable de la Grèce, puisqu'on y enseignait l'unité de Dieu, et que ce lieu fut témoin du plus grand effort que jamais les hommes aient tenté en faveur de la liberté.

ATHÈNES.

Enfin le grand jour de notre entrée à Athènes se leva. Le 28, à trois heures du matin, nous étions tous à cheval ; nous commençâmes à défiler en silence par la voie Sacrée : je puis assurer que l'initié le plus dévot à Cérès n'a jamais éprouvé un transport aussi vif que le mien. Nous avions mis nos beaux habits pour la fête ; le janissaire avait retourné son turban. et, par extraordinaire, on avait frotté et pansé les chevaux. Nous traversâmes le lit d'un torrent appelé *Saranta-Potamo* ou *les Quarante Fleuves*, probablement le Céphise Eleusinien ; nous vîmes quelques débris d'églises chrétiennes ; ils doivent occuper la place du tombeau de ce Zarez qu'Apollon lui-même avait instruit dans l'art des chants. D'autres ruines nous annoncèrent les monuments d'Eumolpe et d'Hippothoon; nous trouvâmes les rhiti et les courants d'eau salée : c'était là que, pendant les fêtes d'Eleusis, les gens du peuple insultaient les passants, en mémoire des injures qu'une vieille femme avait dites autrefois à Cérès. De là passant au fond, ou au point extrême du canal de Salamine, nous nous engageâmes dans le défilé que forment le mont Parnès et le mont Ægalée : cette partie de la voie Sacrée s'appelait *le Mystique*. Nous aperçûmes le monastère de Daphné, bâti sur les débris du temple d'Apollon, et dont l'église est une des plus anciennes de l'Attique. Un peu plus loin nous remarquâmes quelques restes du temple de Vénus ! Enfin le défilé commence à s'élargir ; nous tournons autour du mont Pœcile placé au milieu du chemin, comme pour masquer le tableau ; et tout à coup nous découvrons la plaine d'Athènes.

Les voyageurs qui visitent la ville de Cécrops arrivent ordinairement par le Pirée ou par la route de Nègrepont. Ils perdent alors une partie du spectacle, car on n'aperçoit que la citadelle quand on vient de la mer ; et l'Anchesme coupe la perspective quand on descend de l'Eubée. Mon étoile m'avait amené par le véritable chemin pour voir Athènes dans toute sa gloire.

La première chose qui frappa mes yeux, ce fut la citadelle éclairée du soleil levant : elle était juste en face de moi, de l'autre côté de la plaine, et semblait appuyée sur le mont Hymette qui faisait le fond du tableau. Elle présentait, dans un assemblage confus, les chapitaux des Propylées, les colonnes du Parthénon et du temple d'Erechtée, les embrasures d'une muraille chargée de canons, les débris gothiques des chrétiens, et les masures des musulmans.

Deux petites collines, l'Anchesme et le Musée s'élevaient au nord et au midi de l'Acropolis. Entre ces deux collines, et au pied de l'Acropolis, Athènes se montrait à moi; ses toits aplatis, entremêlés de minarets, de cyprès, de ruines, de colonnes isolées, les dômes de ses mosquées couronnés par de gros nids de cigognes, faisaient un effet agréable aux rayons du soleil. Mais si l'on reconnaissait encore Athènes à ses débris, on voyait aussi, à l'ensemble de son architecture et au caractère général des monuments, que la ville de Minerve n'était plus habitée par son peuple.

Une enceinte de montagnes, qui se termine à la mer, forme la plaine ou le bassin d'Athènes. Du point où je voyais cette plaine au mont Pœcile, elle paraissait divisée en trois bandes ou régions, courant dans une direction parallèle du nord au midi. La première de ces régions, et la plus voisine de moi, était inculte et couverte de bruyères; la seconde offrait un terrain labouré où l'on venait de faire la moisson; la troisième présentait un long bois d'oliviers qui s'étendait un peu circulairement depuis les sources de l'Ilissus, en passant au pied de l'Anchesme, jusque vers le port de Phalère. Le Céphise coule dans cette forêt qui, par sa vieillesse, semble descendre de l'olivier que Minerve fit sortir de la terre. L'Ilissus a son lit desséché de l'autre côté d'Athènes, entre le mont Hymette et la ville. La plaine n'est pas parfaitement unie : une petite chaîne de collines détachées du mont Hymette en surmonte le niveau, et forme les différentes hauteurs sur lesquelles Athènes plaça peu à peu ses monuments.

Ce n'est pas dans le premier moment d'une émotion très vive que l'on jouit le plus de ses sentiments. Je m'avançais vers Athènes avec une espèce de plaisir qui m'ôtait le pouvoir de la réflexion, non que j'éprouvasse quelque chose de semblable à ce que j'avais senti à la vue de Lacédémone. Sparte et Athènes ont conservé jusque dans leurs ruines leurs différents caractères : celles de la première sont tristes, graves et solitaires; celles de la seconde sont riantes, légères, habitées. A l'aspect de la patrie de Lycurgue, toutes les pensées deviennent sérieuses, mâles et profondes; l'âme fortifiée semble s'élever et s'agrandir; devant la ville de Solon, on est comme enchanté par les prestiges du génie; on a l'idée de la perfection de l'homme considéré comme un être intelligent et immortel. Les hauts sentiments de la nature humaine prenaient à Athènes quelque chose d'élégant qu'ils n'avaient point à Sparte. L'amour de la patrie et de la liberté n'était point pour les Athéniens un instinct aveugle, mais un sentiment éclairé, fondé sur ce goût du beau dans tous les genres, que le ciel leur avait si libéralement départi : enfin, en passant des ruines de Lacédémone aux ruines d'Athènes, je sentis que j'aurais voulu mourir avec Léonidas, et vivre avec Périclès.

Nous marchions vers cette petite ville, dont le territoire s'étendait à quinze ou vingt lieues, dont la population n'égalait pas celle d'un faubourg de Paris, et qui balance dans l'univers la renommée de l'empire romain.

Je ne connais rien qui soit plus à la gloire des Grecs que ces paroles de Cicéron : « Souvenez-vous, Quintius, » que vous commandez à des Grecs qui ont civilisé tous » les peuples, en leur enseignant la douceur et l'huma- » nité, et à qui Rome doit les lumières qu'elle possède.» Lorsqu'on songe à ce que Rome était au temps de Pompée et de César, à ce que Cicéron était lui-même, on trouve dans ce peu de mots un magnifique éloge.

Des trois bandes ou régions qui divisaient devant nous la plaine d'Athènes, nous traversâmes rapidement les deux premières, la région inculte et la région cultivée. On ne voit plus sur cette partie de la route le monument du Rhodien et le tombeau de la courtisane, mais on aperçoit des débris de quelques églises. Nous entrâmes dans le bois d'oliviers : avant d'arriver au Céphise, on trouvait deux tombeaux et un autel de Jupiter-l'Indulgent. Nous distinguâmes bientôt le lit du Céphise entre les troncs des oliviers qui le bordaient comme de vieux saules : je mis pied à terre pour saluer le fleuve et pour boire de son eau ; j'en trouvai tout juste ce qu'il m'en fallait dans un creux sous la rive ; le reste avait été détourné plus haut pour arroser les plantations d'oliviers. Je me suis toujours fait un plaisir de boire de l'eau des rivières célèbres que j'ai passées dans ma vie : ainsi j'ai bu des eaux du Mississipi, de la Tamise, du Rhin, du Pô, du Tibre, de l'Eurotas, du Céphise, de l'Hermus, du Granique, du Jourdain, du Nil, du Tage et de l'Ebre. Que d'hommes au bord de ces fleuves peuvent dire comme les Israélites : *sedimus et flevimus !*

J'aperçus à quelque distance sur ma gauche les débris du pont que Xénoclès de Linde avait fait bâtir sur le Céphise. Je remontai à cheval, et je ne cherchai point à voir le figuier sacré, l'autel de Zéphyre, la colonne d'Antémocrite ; car le chemin moderne ne suit plus dans cet endroit l'ancienne voie Sacrée. En sortant du bois d'oliviers nous trouvâmes un jardin environné de murs, et qui occupe à peu près la place du Céramique extérieur. Nous mîmes une demi-heure pour nous rendre à Athènes, à travers un chaume de froment. Un mur moderne nouvellement réparé, et ressemblant à un mur de jardin, renferme la ville. Nous en franchîmes la porte et nous pénétrâmes dans de petites rues champêtres, fraîches et assez propres : chaque maison a son jardin planté d'orangers et de figuiers. Le peuple me parut gai et curieux, et n'avait point l'air abattu des Moraïtes. On nous enseigna la maison du consul.

Je ne pouvais être mieux adressé qu'à M. Fauvel pour voir Athènes.

On ne s'attend pas sans doute que je donne ici une description complète d'Athènes.

Sans faire de l'érudition aux dépens de mes prédécesseurs, je rendrai compte de mes courses et de mes sentiments à Athènes, jour par jour et heure par heure, selon le plan que j'ai suivi jusqu'ici. Encore une fois, cet *Itinéraire* doit être regardé beaucoup moins comme un voyage que comme les mémoires d'une année de ma vie. Deux voyageurs anglais venaient de quitter Athènes lorsque j'y arrivai : il y restait encore un peintre russe qui vivait fort solitaire. Athènes et très fréquentée des amateurs de l'antiquité, parce qu'elle est sur le chemin de Constantinople, et qu'on y arrive facilement par mer.

Vers les quatre heures du soir, la grande chaleur étant passée, M. Fauvel fit appeler son janissaire et le mien, et nous sortîmes, précédés de nos gardes ; le cœur me battait de joie, et j'étais honteux de me trouver si jeune. Mon guide me fit remarquer, presque à sa porte, les restes d'un temple antique. De là nous tournâmes à droite, et nous marchâmes par de petites rues fort peuplées. Nous passâmes au bazar, frais et bien approvisionné en viande, en gibier, en herbes et en fruits. Tout le monde saluait M. Fauvel, et chacun voulait savoir qui j'étais, mais personne ne pouvait prononcer mon nom. C'était comme dans l'ancienne Athènes : *Atheniens autem omnes*, dit saint Luc : *nihil aliud vocabant nisi aut dicere, aut audire aliquid novi ;* quant aux Turcs, ils disent : *Fransouse! Effendi!* et ils fumaient leurs pipes : c'était ce qu'ils avaient de mieux à faire. Les Grecs, en nous voyant passer, levaient leurs bras par-dessus leurs têtes, et criaient : *Kalos ilthete Archondes! Bata kala eis palæo Athinan!* « Bien venus, messieurs ! bon voyage aux » ruines d'Athènes ! » Et ils avaient l'air aussi fiers que s'ils nous avaient dit : « Vous allez chez Phidias ou chez » Ictinus. » Je n'avais pas assez de mes yeux pour regarder ; je croyais voir des antiquités partout. M. Fauvel me faisait remarquer çà et là des morceaux de sculpture qui servaient de bornes, de murs ou de pavés : il me disait combien ces fragments avaient de pieds, de pouces et de lignes ; à quel genre d'édifices ils appartenaient ; ce qu'il en fallait présumer d'après Pausanias ; quelles opinions avaient eues à ce sujet l'abbé Barthélemi, Spon, Wheler, Chandler ; en quoi ces opinions lui semblaient (à lui M. Fauvel) justes ou mal fondées. Nous nous arrêtions à chaque pas ; les janissaires et des enfants du peuple, qui marchaient devant nous, s'arrêtaient partout où ils voyaient une moulure, une corniche, un chapiteau ; ils cherchaient à lire dans les yeux de M. Fauvel si cela était bon ; quand le consul secouait la tête, ils secouaient la tête et allaient se placer quatre pas plus loin devant un autre débris. Nous fûmes conduits ainsi hors du centre de la ville moderne, et nous arrivâmes à la partie de l'ouest que M. Fauvel voulait d'abord me faire visiter, afin de procéder par ordre dans nos recherches.

En sortant du milieu de l'Athènes moderne, et marchant droit au couchant, les maisons commencent à s'écarter les unes des autres ; ensuite viennent de grands espaces vides, les uns compris dans le mur de clôture, les autres en dehors de ce mur ; c'est dans ces espaces abandonnés que l'on trouve le temple de Thérèse, le Pnyx et l'Aréopage. Je ne décrirai point le premier, qui est décrit partout, et qui ressemble assez au Parthénon ; je le comprendrai dans les réflexions générales que je me permettrai de faire bientôt au sujet de l'architecture des Grecs. Ce temple est au reste le monument le mieux conservé à Athènes ; après avoir longtemps été une église sous l'invocation de Saint-Georges, il sert aujourd'hui de magasin.

L'Aréopage était placé sur une éminence à l'occident de la citadelle. On comprend à peine comment on a pu construire sur le rocher où l'on voit des ruines un monument de quelque étendue. Une petite vallée, appelée dans l'ancienne Athènes *Cœlé* (le creux), sépare la colline de l'Aréopage de la colline de Pnyx et de la colline de la citadelle. On montrait dans le Cœlé les tombeaux des deux Cimon, de Thucydide et d'Hérodote. Le Pnyx, où les Athéniens tenaient d'abord leurs assemblées publiques, est une esplanade pratiquée sur une roche escarpée, au revers de Lycabettus. Un mur composé de pierres énormes soutient cette esplanade du côté du nord ; au midi s'élève une tribune creusée dans le roc même, et l'on y monte par quatre degrés également taillés dans la pierre. Je remarque ceci, parce que les anciens voyageurs n'ont pas bien connu la forme du Pnyx. Lord Elgin a fait depuis peu d'années désencombrer cette colline, et c'est à lui qu'on doit la découverte des degrés. Comme on n'est pas là tout-à-fait à la cime du rocher, on n'aperçoit la mer qu'en montant au-dessus de la tribune : on ôtait ainsi au peuple la vue du Pirée, afin que des orateurs factieux ne le jetassent pas dans des entreprises téméraires, à l'aspect de sa puissance et de ses vaisseaux (1).

Les Athéniens étaient rangés sur l'esplanade entre le mur circulaire que j'ai indiqué au nord, et la tribune au midi.

C'était donc à cette tribune que Périclès, Alcibiade et Démosthènes firent entendre leur voix; que Socrate et Phocion parlèrent au peuple le plus léger et le plus spirituel de la terre? C'était donc là que se sont commises tant d'injustices; que tant de décrets iniques ou cruels ont été prononcés? Ce fut peut-être ce lieu qui vit bannir Aristide, triompher Mélitus, condamner à mort la population entière d'une ville, vouer un peuple entier à l'esclavage? Mais aussi ce fut là que de grands citoyens firent éclater leurs généreux accents contre les tyrans de leur patrie, que la justice triompha, que la vérité fut écoutée. « Il y a un peuple, disaient les députés de Co-
» rinthe aux Spartiates, un peuple qui ne respire que
» les nouveautés; prompt à concevoir, prompt à exécu-
» ter, son audace passe sa force. Dans les périls où sou-
» vent il se jette sans réflexion, il ne perd jamais l'es-
» pérance; naturellement inquiet, il cherche à s'agrandir
» au dehors; vainqueur, il s'avance et suit sa victoire;
» vaincu il n'est point découragé. Pour les Athéniens, la
» vie n'est pas une propriété qui leur appartienne, tant
» ils la sacrifient aisément à leur pays! Ils croient qu'on
» les a privés d'un bien légitime toutes les fois qu'ils
» n'obtiennent pas l'objet de leurs désirs. Ils rempla-
» cent un dessein trompé par une nouvelle espérance.
» Leurs projets à peine conçus sont déjà exécutés. Sans

(1) L'histoire varie sur ce fait. D'après une autre version, ce furent les tyrans qui obligèrent les orateurs à tourner le dos au Pirée.

» cesse occupés de l'avenir, le présent leur échappe :
» peuple qui ne connaît point le repos, et ne peut le
» souffrir dans les autres. »

Et ce peuple, qu'est-il devenu? Où le trouverai-je? Moi qui traduisais ce passage au milieu des ruines d'Athènes, je voyais les miracles des musulmans, et j'entendais parler des chrétiens. C'est à Jérusalem que j'allais chercher la réponse à cette question, et je connaissais déjà d'avance les paroles de l'oracle : *Dominus mortificat et vivificat : deducit ad inferos et reducit.*

Le jour n'était pas encore à sa fin : nous passâmes du Pnyx à la colline du Musée. On sait que cette colline est couronnée par le monument de Philopappus, monument d'un mauvais goût; mais c'est le mort et non le tombeau qui mérite ici l'attention du voyageur. Cet obscur Philopappus, dont le sépulcre se voit de si loin, vivait sous Trajan. Pausanias ne daigne pas le nommer, et l'appelle un *Syrien*. On voit dans l'inscription de sa statue qu'il était de Bêsa, bourgade de l'Attique. Eh bien! ce Philopappus s'appelle *Antiochus Philopappus;* c'était ce légitime héritier de la couronne de Syrie! Pompée avait transporté à Athènes les descendants du roi Antiochus. Je ne sais si les Athéniens, comblés des bienfaits d'Antiochus, compatirent aux maux de sa famille détrônée; mais il paraît que ce Philopappus fut au moins consul désigné. La fortune, en le faisant citoyen d'Athènes et consul de Rome à une époque où ces deux titres n'étaient plus rien, semblait vouloir se jouer encore de ce monarque déshérité, le consoler d'un songe par un songe, et montrer sur une seule tête qu'elle se rit également de la majesté des peuples et de celle des rois.

Le monument de Philopappus nous servit comme

d'observatoire pour contempler d'autres vanités. M. Fauvel m'indiqua les divers endroits par où passaient les murs de l'ancienne ville ; il me fit voir les ruines du théâtre de Bacchus, au pied de la citadelle, le lit desséché de l'Hissus, la mer sans vaisseaux, et les ports déserts de Phalère, de Munychie et du Pirée.

Nous rentrâmes ensuite dans Athènes : il était nuit ; le consul envoya prévenir le commandant de la citadelle que nous y monterions le lendemain avant le lever du soleil.

Je souhaitai le bonsoir à mon hôte, et je me retirai à mon appartement. Accablé de fatigue, il y avait déjà quelque temps que je dormais d'un profond sommeil, quand je fus réveillé tout-à-coup par le tambourin et la musette turque dont les sons discordants partaient des Propylées. En même temps un prêtre turc se mit à chanter en arabe l'heure passée à des chrétiens de la ville de Minerve. Je ne saurais peindre ce que j'éprouvai : cet iman n'avait pas besoin de me marquer ainsi la fuite des années ; sa voix seule, dans ces lieux, annonçait que les siècles s'étaient écoulés.

Cette mobilité des choses humaines est d'autant plus frappante qu'elle contraste avec l'immobilité du reste de la nature.

Comme pour insulter à l'instabilité des sociétés humaines, les animaux même n'éprouvent ni bouleversements dans leurs empires, ni altération dans leurs mœurs, J'avais vu, lorsque nous étions sur la colline du Musée, des cigognes se former en bataillon, et prendre leur vol vers l'Afrique. Depuis deux mille ans elles font ainsi le même voyage ; elles sont restées libres et heureuses dans la ville de Solon comme dans la ville du chef des eunuques noirs. Du haut de leurs nids, que les révolutions ne peuvent atteindre, elles ont vu au-dessous d'elles changer la race des mortels : tandis que des générations impies se sont élevées sur les tombeaux des générations religieuses, la jeune cigogne a toujours nourri son vieux père. Si je m'arrête à ces réflexions, c'est que la cigogne est aimée des voyageurs, comme eux « elle connaît les saisons dans le ciel. » Ces oiseaux furent souvent les compagnons de mes courses dans les solitudes de l'Amérique ; je les vis souvent perchés sur les Wigwams du Sauvage : en les retrouvant dans une espèce de désert, sur les ruines du Parthénon, je n'ai pu m'empêcher de parler un peu de mes anciens amis.

Le lendemain 24, à quatre heures et demie du matin, nous montâmes à la citadelle ; son sommet est environné de murs moitié antiques, moitié modernes ; d'autres murs circulaient autrefois autour de sa base. Dans l'espace que renferme ces murs, se trouvent d'abord les restes des Propylées et les débris du temple de la Victoire (1). Derrière les Propylées, à gauche, vers la ville, on voit ensuite le Pandroséum et le double temple de Neptune-Erechthée et de Minerve-Polias ; enfin, sur le point le plus éminent de l'Acropolis, s'élève le temple de Minerve ; le reste de l'espace est obstrué par les décombres des bâtiments anciens et nouveaux, et par les tentes, les armes et les baraques des Turcs.

Le rocher de la citadelle peut avoir à son sommet huit cents pieds de long sur quatre cents de large ; sa forme est à peu près celle d'un ovale dont l'ellipse irait en se rétrécissant du côté du mont Hymette : on dirait un

(1) Le temple de la Victoire formait l'aile droite des Propylées.

piédestal taillé tout exprès pour porter les magnifiques édifices qui le couronnaient.

Je n'entrerai point dans la description particulière de chaque monument : je renvoie le lecteur aux ouvrages que j'ai si souvent cités ; et, sans répéter ici ce que chacun peut trouver ailleurs, je me contenterai de quelques réflexions générales.

La première chose qui vous frappe dans les monuments d'Athènes, c'est la belle couleur de ces monuments. Dans nos climats, sous une atmosphère chargée de fumée et de pluie, la pierre du blanc le plus pur devient bientôt noire ou verdâtre. Le ciel clair et le soleil brillant de la Grèce répandent seulement sur le marbre du Paros et du Pentélique une teinte dorée semblable à celle des épis mûrs ou des feuilles en automne.

La justesse, l'harmonie et la simplicité des proportions attirent ensuite votre admiration. On ne voit point ordre sur ordre, colonne sur colonne, dôme sur dôme. Le temple de Minerve, par exemple, est, ou plutôt était un simple parallélogramme allongé, orné d'un péristyle, d'un pronaos ou portique, et élevé sur trois marches ou degrés qui régnaient tout autour. Ce pronaos occupait à peu près le tiers de la longueur totale de l'édifice ; l'intérieur du temple se divisait en deux nefs séparées par un mur, et qui ne recevaient le jour que par la porte : dans l'une on voyait la statue de Minerve, ouvrage de Phidias ; dans l'autre, on gardait le trésor des Athéniens. Les colonnes du péristyle et du portique reposaient immédiatement sur les degrés du temple ; elles étaient sans bases, cannelées et d'ordre dorique ; elles avaient quarante-deux pieds de hauteur et dix-sept et demi de tour près du sol ; l'entre-colonnement était de sept pieds quatre pouces, et le monument avait deux cents dix-huit pieds de long et quatre-vingt-dix huit et demi de large. Les triglyphes de l'ordre dorique marquaient la frise du péristyle : des métopes ou petits tableaux de marbre à coulisse séparaient entre eux les triglyphes. Phidias ou ses élèves avaient sculpté sur ces métropoles le combat des Centaures et des Lapithes. Le haut du plein mur du temple, ou la frise de la cella, était décoré d'un autre bas-relief représentant peut-être la fête des Panathénées. Des morceaux de sculptures excellents, mais du siècle d'Adrien, époque du renouvellement de l'art, occupaient les deux frontons du temple. Les offrandes votives, ainsi que les boucliers enlevés à l'ennemi dans le cours de la guerre Médique, étaient suspendus en dehors de l'édifice: on voit encore la marque circulaire que les derniers ont imprimée sur l'architrave du fronton qui regarde le mont Hymette. Entre ces boucliers on avait mis des inscriptions : elles étaient vraisemblablement écrites en lettres de bronze, à en juger par les marques des clous qui attachaient ces lettres. De pareilles marques ont suffi pour rétablir et lire l'inscription de la Maison-Carrée à Nîmes. Je suis convaincu que, si les Turcs le permettaient, on pourrait aussi parvenir à déchiffrer les inscriptions du Parthénon.

Tel était ce temple qui a passé, à juste titre, pour le chef-d'œuvre de l'architecture chez les anciens et chez les modernes : l'harmonie et la force de toutes ses parties se font encore remarquer dans ses ruines ; car on aurait une très fausse idée si l'on se représentait seulement un édifice agréable, mais petit et chargé de ciselures et de festons à notre manière. Il y a toujours quelque chose de grêle dans notre architecture quand nous prétendons à la majesté. Voyez comme tout est calculé au Parthénon ! L'ordre est dorique, et le peu de hauteur de la colonne dans cet ordre vous donne à l'instant l'idée de la durée et de la solidité ; mais cette colonne qui, de plus, est sans base, deviendrait trop lourde. Inctinus a recours à son art : il fait la colonne cannelée, et l'élève sur des degrés ; par ce moyen il introduit presque la légèreté du corinthien dans la gravité dorique. Pour tout ornement vous avez deux frontons et deux frises sculptées. La frise du péristyle se compose de petits tableaux de marbre régulièrement divisés par un triglyphe : à la vérité, chacun de ces tableaux est un chef-d'œuvre ; la frise de la cella règne comme un bandeau au haut d'un mur plein et uni : voilà tout, absolument tout. Qu'il y a loin de cette sage économie d'ornements, de cet heureux mélange de simplicité, de force et de grâce, à notre profusion de découpures en carré, en long, en rond, en losange ; à nos colonnes fluettes guindées sur d'énormes bases, où à nos porches ignobles et écrasés que nous appelons des *portiques !*

Il ne faut pas se dissimuler que l'architecture, considérée comme art, est dans son principe éminemment religieuse : elle fut inventée pour le culte de la Divinité.

Les Grecs, qui avaient une multitude de dieux, ont été conduits à différents genres d'édifices, selon les idées qu'ils attachaient aux différents pouvoirs de ces dieux. Vitruve même consacre deux chapitres à ce beau sujet, et enseigne comment on doit construire les temples et les autels de Minerve, d'Hercule, de Cérès, etc. Nous qui n'adorons qu'un seul maître de la nature, nous n'avons aussi, à proprement parler, qu'une seule architecture naturelle, l'architecture gothique. On sent tout de suite que ce genre est à nous, qu'il est original, et né, pour ainsi dire, avec nos autels. En fait d'architecture grecque, nous n'en sommes que des imitateurs plus ou moins ingénieux (1) : imitateurs d'un travail dont nous dénaturons le principe en transportant dans la demeure des hommes les ornements qui n'étaient bien que dans la maison des dieux.

Après leur harmonie générale, leur rapport avec les lieux et les sites, et surtout leurs convenances avec les usages auxquels ils étaient destinés, ce qu'il faut admirer dans les édifices de la Grèce, c'est le fini de toutes les parties. L'objet qui n'est pas fait pour être vu y est travaillé avec autant de soin que les compositions extérieures. La jointure des blocs qui forment les colonnes du temple de Minerve est telle qu'il faut la plus grande attention pour la découvrir, et qu'elle n'a pas l'épaisseur du fil le plus délié. Afin d'atteindre à cette rare perfection, on amenait d'abord le marbre à sa plus juste coupe avec le ciseau, ensuite on faisait rouler les deux pièces l'une sur l'autre, en jetant au centre du frottement du sable et de l'eau. Les assises, au moyen de ce procédé, arrivaient à un aplomb incroyable : cet aplomb, dans les tronçons des colonnes, était déterminé par un pivot entre les mains de M. Fauvel.

Les rosaces, les plinthes, les moulures, les astragales, tous les détails de l'édifice offrent la même perfection ; les lignes du chapiteau et de la cannelure des colonnes du Parthénon sont si déliées, qu'on serait tenté de croire que la colonne entière a passé autour : des découpures en ivoire ne seraient pas plus délicates que les ornements ioniques du temple d'Erechtée : les cariatides du

(1) On fit sous les Valois un mélange charmant de l'architecture grecque et gothique ; mais cela n'a duré qu'un moment.

Pandroséum sont des modèles. Enfin, si, après avoir vu les monuments de Rome, ceux de la France m'ont paru grossiers, les monuments de Rome me semblent barbares à leur tour depuis que j'ai vu ceux de la Grèce : je n'en excepte point le Panthéon avec son fronton démesuré. La comparaison peut se faire aisément à Athènes, où l'architecture grecque est souvent placée tout auprès de l'architecture romaine.

J'étais au surplus tombé dans l'erreur commune touchant les monuments des Grecs : je les croyais parfaits dans leur ensemble ; mais je pensais qu'ils manquaient de grandeur. J'ai fait voir que le génie des architectes a donné en grandeur proportionnelle à ces monuments ce qui peut leur manquer en étendue ; et d'ailleurs Athènes est remplie d'ouvrages prodigieux. Les Athéniens, peuple si peu riche, si peu nombreux, ont remué des masses gigantesques : les pierres du Pnyx sont de véritables quartiers de rocher, les Propylées formaient un travail immense, et les dalles de marbre qui les couvraient étaient d'une dimension telle qu'on n'en a jamais vu de semblables ; la hauteur des colonnes du temple de Jupiter-Olympien passe peut-être soixante pieds, et le temple entier avait un demi-mille de tour : les murs d'Athènes, en y comprenant ceux des trois ports et les longues murailles, s'étendaient sur un espace de près de neuf lieues (1) ; les murailles qui réunissaient la ville au Pirée étaient assez larges pour que deux chars y pussent courir de front, et, de cinquante en cinquante pas, elles étaient flanquées de tour carrées. Les Romains n'ont jamais élevé des fortifications plus considérables.

(1) Deux cents stades, selon Dion Chrysostôme.

Par quelle fatalité ces chefs-d'œuvre de l'antiquité, que les modernes vont admirer si loin et avec tant de fatigues, doivent-ils en partie leur destruction aux modernes? Le Parthénon subsista dans son entier jusqu'en 1687 : les chrétiens le convertirent d'abord en église, et les Turcs, par jalousie des chrétiens, le changèrent à leur tour en mosquée. Il faut que les Vénitiens viennent, au milieu des lumières du dix-septième siècle, canonner les monuments de Périclès ; ils tirent à boulets rouges sur les Propylées et le temple de Minerve ; une bombe tombe sur ce dernier édifice, enfonce la voûte, met le feu à des barils de poudre, et fait sauter en partie un édifice qui honorait moins les faux dieux des Grecs que le génie de l'homme. La ville étant prise, Morosini, dans le dessein d'embellir Venise des débris d'Athènes, veut descendre les statues du fronton du Parthénon et les brise. Un autre moderne vient d'achever, par amour des arts, la destruction que les Vénitiens avaient commencée.

Nous employâmes la matinée entière à visiter la citadelle. Les Turcs avaient autrefois accolé le minaret d'une mosquée au portique du Parthénon. Nous montâmes par l'escalier à moitié détruit de ce minaret, nous nous assîmes sur une partie brisée de la frise du temple. Nous avions le mont Hymette à l'est, le Pentélique au nord, le Parnès au nord-ouest ; les monts Icare, Cordylalus ou Œgalée à l'ouest, et par-dessus le premier on apercevait la cime du Cithéron ; au sud-ouest et au midi, on voyait la mer, le Pirée, les côtes de Salamine, d'Egine, d'Epidaure, et la citadelle de Corinthe.

Au-dessous de nous, dans le bassin dont je viens de décrire la circonférence, on distinguait les collines et la plupart des monuments d'Athènes : au sud-ouest, la colline du Musée avec le tombeau de Philopappus ; à l'ouest, les rochers de l'Aréopage, du Pnyx et du Lecabettus ; au nord, le petit mont Anchesme, et à l'est les hauteurs qui dominent le Stade. Au pied même de la citadelle, on voyait les débris du théâtre de Bacchus et d'Hérode-Atticus. A la gauche de ces débris venaient les grandes colonnes isolées du temple de Jupiter-Olympien ; plus loin encore, en tirant vers le nord-est, on apercevait l'enceinte du Lycée, le cours de l'Ilissus, le Stade et un temple de Diane ou de Cérès. Dans la partie de l'ouest et du nord-ouest, vers le grand bois d'oliviers, M. Fauvel me montrait la place du Céramique extérieur, de l'Académie et de son chemin bordé de tombeaux. Enfin, dans la vallée formée par l'Anchesme et la citadelle, on découvrait la ville moderne.

Il faut maintenant se figurer tout cet espace tantôt nu et couvert d'une bruyère jaune, tantôt coupé par des bouquets d'oliviers, par des carrés d'orge, par des sillons de vignes ; il faut se représenter des fûts de colonnes et des bouts de ruines anciennes et modernes, sortant du milieu de ces cultures ; des murs blanchis et des clôtures de jardins traversant les champs : il faut répandre dans la campagne des Albanaises qui tirent de l'eau ou qui lavent à des puits les robes des Turcs ; des paysans qui vont et viennent, conduisant des ânes, ou portant sur leur dos des provisions à la ville : il faut supposer toutes ces ruines si célèbres, toutes ces îles, toutes ces mers non moins fameuses, éclairées d'une lumière éclatante. J'ai vu, du haut de l'Acropolis, le soleil se lever entre les deux cimes du mont Hymette : les corneilles qui nichent autour de la citadelle, mais qui ne franchissent jamais son sommet, planaient au-dessous de nous ; leurs ailes noires et lustrées étaient glacées de rose par les premiers reflets du jour; des colonnes de fumée bleue et légère montaient dans l'ombre le long des flancs de l'Hymette, et annonçaient les parcs ou les chalets des abeilles; Athènes, l'Acropolis et les débris du Parthénon se coloraient de la plus belle teinte de la fleur du pêcher; les sculptures de Phidias, frappées horizontalement d'un rayon d'or, s'animaient et semblaient se mouvoir sur le marbre par la mobilité des ombres du relief; au loin la mer et le Pirée étaient tout blancs de lumière; et la citadelle de Corinthe, renvoyant l'éclat du jour nouveau, brillait sur l'horizon du couchant comme un rocher de pourpre et de feu.

Du lieu où nous étions placés nous aurions pu voir, dans les beaux jours d'Athènes, les flottes sortir du Pirée pour combattre l'ennemi ou pour se rendre aux fêtes de Délos; nous aurions pu entendre éclater au théâtre de Bacchus les douleurs d'Œdipe, de Philoctète et d'Hécube; nous aurions pu ouïr les applaudissements des citoyens aux discours de Démosthènes. Mais, hélas! aucun son ne frappait notre oreille. A peine quelques cris échappés à une populace esclave sortaient par intervalles de ces murs qui retentirent si longtemps de la voix d'un peuple libre. Je me disais, pour me consoler, ce qu'il faut se dire sans cesse : Tout passe, tout finit dans ce monde. Où sont allés les génies divins qui élevèrent le temple sur les débris duquel j'étais assis? Ce soleil, qui peut-être éclairait les derniers soupirs de la pauvre fille de Mégare, avait vu mourir la brillante Aspasie. Ce tableau de l'Attique, ce spectacle que je contemplais, avait été contemplé par des yeux fermés depuis deux mille ans. Je passerai à mon tour : d'autres hommes, aussi fugitifs que moi, viendront faire les mêmes réflexions sur les mêmes ruines. Notre vie et notre cœur sont entre les mains de Dieu : laissons-le donc disposer de l'une comme de l'autre.

Je pris en descendant de la citadelle un morceau de marbre du Parthénon ; j'avais aussi recueilli un fragment de la pierre du tombeau d'Agamemnon ; et depuis j'ai toujours dérobé quelque chose aux monuments sur lesquels j'ai passé. Ce ne sont pas d'aussi beaux souvenirs de mes voyages que ceux qu'ont emportés M. de Choiseul et lord Elgin ; mais ils me suffisent. Je conserve aussi soigneusement de petites marques d'amitié que j'ai reçues de mes hôtes, entre autres un étui d'os que me donna le Père Munoz à Jaffa. Quand je revois ces bagatelles, je me retrace sur-le-champ mes courses et mes aventures. Je me dis : « J'étais là, telle chose m'advint. » Ulysse retourne chez lui avec de grands coffres pleins des riches dons que lui avaient faits les Phéaciens ; je suis rentré dans mes foyers avec une douzaine de pierres de Sparte, d'Athènes, d'Argos, de Corinthe, trois ou quatre petites têtes en terre cuite que je tiens de M. Fauvel, des chapelets, une bouteille d'eau du Jourdain, une autre de la mer Morte, quelques roseaux du Nil, un marbre de Carthage et un plâtre moulé de l'Alhambra. J'ai dépensé cinquante mille francs sur ma route, et laissé en présent mon linge et mes armes. Pour peu que mon voyage se fût prolongé, je serais revenu à pied, avec un bâton blanc. Malheureusement, je n'aurais pas trouvé en arrivant un bon frère qui m'eût dit, comme le vieillard des *Mille et une Nuits :* « Mon frère, voilà mille sequins, » achetez des chameaux et ne voyagez plus. »

Nous allâmes dîner en sortant de la citadelle, et le soir du même jour nous nous transportâmes au Stade, de l'autre côté de l'Ilissus. Ce Stade conserve parfaitement sa forme : on n'y voit plus les gradins de marbre dont l'avait décoré Hérode-Atticus.

Quant à l'Ilissus, il est sans eau. Chandler sort à cette occasion de sa modération naturelle, et se récrie contre les poètes qui donnent à l'Ilissus une onde limpide, et bordent son cours de saules touffus. A travers son humeur, on voit qu'il a envie d'attaquer un dessin de Leroi, dessin qui représente un point de vue sur l'Ilissus. Je suis comme le docteur Chandler : je déteste les descriptions qui manquent de vérité, et quand un ruisseau est sans eau, je veux qu'on me le dise, On verra que je n'ai point embelli les rives du Jourdain, ni transformé cette rivière en un grand fleuve. J'étais là cependant bien à mon aise pour mentir. Tous les voyageurs, et l'Ecriture même, aurait justifié les descriptions les plus pompeuses. Mais Chandler a poussé l'humeur trop loin.

Voici un fait curieux que je tiens de M. Fauvel : pour peu que l'on creuse dans le lit de l'Ilissus, on trouve l'eau à une très petite profondeur : cela est si bien connu des paysannes albanaises, qu'elles font un trou dans la grève du ravin quand elles veulent laver du linge, et sur-le-champ elles ont de l'eau. Il est donc très probable que le lit de l'Ilissus s'est peu à peu encombré des pierres et des graviers descendus des montagnes voisines, et que l'eau coule à présent entre deux sables.

En voilà bien assez pour justifier ces pauvres poètes qui ont le sort de Cassandre : en vain ils chantent la vérité, personne ne les croit ; s'ils se contentaient de la dire, ils seraient peut-être plus heureux. Ils sont d'ailleurs appuyés ici par le témoignage de l'histoire, qui met de l'eau dans l'Ilissus ; et pourquoi cet Ilissus aurait-il un pont, s'il n'avait jamais d'eau, même en hiver ? L'Amérique m'a un peu gâté sur le compte des fleuves ; mais je ne pouvais m'empêcher de venger l'honneur de cet Ilissus qui a donné un surnom aux muses (1), et au bord duquel Borée enleva Orithye.

En revenant de l'Ilissus, M. Fauvel me fit passer sur des terrains vagues, où l'on doit chercher l'emplacement du Lycée. Nous vînmes ensuite aux grandes colonnes isolées, placées dans le quartier de la ville qu'on appelle la *Nouvelle-Athènes*, ou l'*Athènes de l'empereur Adrien*. Spon veut que ces colonnes soient les restes du portique des Cent-Vingt-Colonnes ; et Chandler présume qu'elles appartenaient au Temple de Jupiter-Olympien. M. Lechevalier et les autres voyageurs en ont parlé. Elles sont bien représentées dans les différentes vues d'Athènes, et surtout dans l'ouvrage de Stuart, qui a rétabli l'édifice entier d'après les ruines. Sur une portion d'architrave qui unit encore deux de ces colonnes, on remarque une masure, jadis la demeure d'un ermite. Il est impossible de comprendre comment cette masure a pu être bâtie sur le chapiteau de ces prodigieuses colonnes, dont la hauteur est peut-être de soixante pieds. Ainsi ce vaste temple, auquel les Athéniens travaillèrent pendant sept siècles, que tous les rois de l'Asie voulurent achever, qu'Adrien, maître du monde, eut seul la gloire de finir; ce temple a succombé sous l'effort du temps, et la cellule d'un solitaire est demeurée debout sur ces débris ! Une misérable loge de plâtre est portée dans les airs par deux colonnes de marbre, comme si la fortune avait voulu exposer à tous les yeux, sur ce magnifique piédestal, un monument de ses triomphes et de sa gloire.

(1) Ilissiades : elles avaient un temple au bord de l'Ilissus.

Ces colonnes, quoique beaucoup plus hautes que celles du Parthénon, sont bien loin d'en avoir la beauté : la dégénération de l'art s'y fait sentir ; mais, comme elles sont isolées et dispersées sur un terrain nu, elles font un effet surprenant. Je me suis arrêté à leur pied pour entendre le vent siffler autour de leur tête : elles ressemblent à ces palmiers solitaires que l'on voit çà et là parmi les ruines d'Alexandrie. Lorsque les Turcs sont menacés de quelques calamités, ils amènent un agneau dans ce lieu, et le contraignent à bêler, en lui dressant la tête vers le ciel : ne pouvant trouver la voix de l'innocence parmi les hommes, ils ont recours au nouveau-né de la brebis pour fléchir la colère céleste.

Nous entrâmes dans Athènes par le portique où se lit l'inscription si connue :

C'EST ICI LA VILLE D'ADRIEN
ET NON PAS LA VILLE DE THÉSÉE.

Le 25 nous montâmes à cheval de grand matin ; nous sortîmes de la ville et prîmes la route de Phalère. En approchant de la mer, le terrain s'élève et se termine par les hauteurs dont les sinuosités forment au levant et au couchant les ports de Phalère, de Munychie et de Pirée. Nous découvrîmes sur les dunes de Phalère les racines des murs qui enfermaient le port, et d'autres ruines absolument dégradées : c'étaient peut-être celles des temples de Junon et de Cérès. Aristide avait son petit champ et son tombeau près de ce lieu. Nous descendîmes au port : c'est un bassin rond où la mer repose sur un sable fin ; il pourrait contenir une cinquantaine de bateaux : c'était tout juste le nombre que Ménesthée conduisit à Troie.

« Il était suivi de cinquante noirs vaisseaux. »

Thésée partit aussi de Phalère pour aller en Crète.

Pourquoi, trop jeune encore, ne pûtes-vous alors
Entrer dans le vaisseau qui le mit sur nos bords ?
Par vous aurait péri le monstre de la Crète, etc.

Ce ne sont pas toujours de grands vaisseaux et de grands ports qui donnent l'immortalité : Homère et Racine ne laisseront point mourir le nom d'une petite anse et d'une petite barque.

Du port de Phalère nous arrivâmes au port de Munychie. Celui-ci est de forme ovale et un peu plus grand que le premier. Enfin, nous tournâmes l'extrémité d'une colline rocailleuse, et, marchant de cap en cap, nous nous avançâmes vers le Pirée. M. Fauvel m'arrêta dans la courbure que fait une langue de terre, pour me montrer un sépulcre creusé dans le roc ; il n'a plus de voûte, et il est au niveau de la mer. Les flots, par leurs mouvements réguliers, le couvrent et le découvrent, et il se remplit et se vide tour à tour. A quelques pas de là, on voit sur le rivage les débris d'un monument.

M. Fauvel veut retrouver ici l'endroit où les os de Thémistocle avaient été déposés. On lui conteste cette intéressante découverte. On lui objecte que les débris dispersés dans le voisinage sont trop beaux pour être les restes du tombeau de Thémistocle. En effet, selon Diodore le géographe, cité par Plutarque, ce tombeau n'était qu'un autel.

L'objection est peu solide. Pourquoi veut-on faire entrer dans la question primitive une question étrangère à l'objet dont il s'agit? Les ruines de marbre blanc, dont on se plaît à faire une difficulté, ne peuvent-elles pas avoir appartenu à un sépulcre tout différent de celui de Thémistocle? Pourquoi, lorsque les haines furent apaisées, les descendants de Thémistocle n'auraient-ils pas décoré le tombeau de leur illustre aïeul, qu'ils avaient d'abord enterré modestement, ou même secrètement, comme le dit Thucydide? Ne consacrèrent-ils pas un tableau qui représentait l'histoire de ce grand homme? Et ce tableau, du temps de Pausanias, ne se voyait-il pas publiquement au Parthénon? Thémistocle avait de plus une statue au Prytanée.

L'endroit où M. Fauvel a trouvé ce tombeau est précisément le cap Alcime, et j'en vais donner une preuve plus forte que celle de la tranquillité de l'eau dans cet endroit. Il y a faute dans Plutarque ; il faut lire Alimus, au lieu d'Alcime, selon la remarque de Meursius, rappelée par Dacier. Alimus était un dêmos, ou bourg de l'Attique, de de la tribu de Léontide, situé à l'orient du Pirée. Or, les ruines de ce bourg sont encore visibles dans le voisinage du tombeau dont nous parlons (1). Pausanias est assez confus dans ce qu'il dit de la position de ce tombeau. Mais Diodore-Périégète est très clair, et les vers de Platon le comique, rapportés par ce Diodore, désignent absolument le lieu et le sépulcre trouvés par M. Fauvel.

« Placé dans un lieu découvert, ton sépulcre est salué » par les mariniers qui entrent au port ou qui en sor-

(1) Je ne veux dissimuler aucune difficulté, et je sais qu'on place aussi Alimus à l'orient de Phalère. Thucydide était du bourg d'Alimus.

» tent ; et, s'il se donne quelque combat naval, tu seras
» témoin du choc des vaisseaux (1). »

Si Chandler fut étonné de la solitude du Pirée, je puis assurer que je n'en ai pas moins été frappé que lui. Nous avions fait le tour d'une côte déserte ; trois ports s'étaient présentés à nous, et dans ces trois ports nous n'avions pas aperçu une seule barque. Pour tout spectacle, des ruines, des rochers et la mer ; pour tout bruit, les cris des aclyons et le murmure des vagues qui se brisant dans le tombeau de Thémistocle, faisaient sortir un éternel gémissement de la demeure de l'éternel silence. Emportées par les flots, les cendres du vainqueur de Xercès reposaient au fond de ces mêmes flots, confondues avec les os des Perses. En vain je cherchais des yeux le temple de Vénus, la longue galerie et la statue symbolique qui représentait le peuple d'Athènes : l'image de ce peuple inexorable était à jamais tombée près du puits où les citoyens exilés venaient inutilement réclamer leur patrie. Au lieu de ces snperbes arsenaux, de ces portiques où l'on retirait les galères, de ces Arogæ retentissant de la voix des matelots ; au lieu de ces édifices qui représentaient dans leur ensemble l'aspect et la beauté de la ville de Rhodes, je n'apercevais qu'un couvent délabré et un magasin. Triste sentinelle au rivage, et modèle d'une patience stupide. C'est là qu'un douanier turc est assis toute l'année dans une méchante baraque de bois : des mois s'écoulent sans qu'il voit arriver un bateau. Tel est le déplorable état où se trouvent aujourd'hui ces ports si fameux. Qui peut avoir détruit tant de monuments des dieux et des hommes ? cette force

(1) Plut., *Vit Them.*

cachée qui renverse tout, et qui est elle-même soumise au Dieu inconnu dont saint Paul avait vu l'autel à Phalère : *Deo ignoto.*

Le port de Pirée décrit un arc dont les deux pointes en se rapprochant ne laissent qu'un étroit passage ; il se nomme aujourd'hui le *Port Lion*, à cause d'un lion de marbre qu'on y voyait autrefois, et que Morosini fit transporter à Venise en 1686. Trois bassins, le Canthare, l'Aphrodise et le Zéa, divisaient le port intérieurement. On voit encore une darse à moitié comblée, qui pourrait bien avoir été l'Aphrodise. Strabon affirme que le grand port des Athéniens était capable de contenir quatre cents vaisseaux, et Pline en porte le nombre jusqu'à mille. Une cinquantaine de nos barques le rempliraient tout entier, et je ne sais si deux frégates y seraient à l'aise, surtout à présent que l'on mouille sur une grande longueur de câble. Mais l'eau est profonde, la tenue bonne, et le Pirée entre les mains d'une nation civilisée pourrait devenir un port considérable. Au reste, le seul magasin que l'on y voit aujourd'hui est français d'origine ; il a, je crois, été bâti par M. Gaspari, ancien consul de France à Athènes. Ainsi il n'y a pas bien longtemps que les Athéniens étaient représentés au Pirée par le peuple qui leur ressemble le plus.

Il y a à peu près quatre milles d'Athènes à Phalère, au Pirée, en suivant les sinuosités de la côte, et cinq milles du Pirée à Athènes : ainsi, à notre retour dans cette ville, nous avions fait environ douze milles, ou quatre lieues.

Comme les chevaux étaient loués pour toute la journée, nous nous hâtâmes de dîner, et nous recommençâmes nos courses à quatre heures du soir.

Nous sortîmes d'Athènes par le côté du mont Hymette; mon hôte me conduisit au village d'Angelo-Kipous, où il croit avoir retrouvé le temple de la Vénus aux Jardins, par les raisons qu'il en donne dans ses Mémoires. L'opinion de Chandler, qui place ce temps à Panagia Spiliotissa, est également très probable; et elle a pour elle l'autorité d'une inscription. Mais M. Fauvel produit en faveur de son sentiment deux vieux myrthes et de jolis débris d'ordre ionique : celà répond à bien des objections. Voilà comme nous sommes, nous autres amateurs de l'antique nous faisons preuve de tout.

Après avoir vu les curiosités d'Angelo-Kipous, nous tournâmes droit au couchant, et, passant entre Athènes et le mont Anchesme, nous entrâmes dans le grand bois d'oliviers; il n'y a point de ruines de ce côté, et nous ne faisions plus qu'une agréable promenade avec les souvenirs d'Athènes. Nous trouvâmes le Céphise, que j'avais déjà salué plus bas en arrivant d'Eleusis : à cette hauteur il avait de l'eau; mais cette eau, je suis fâché de le dire, était un peu bourbeuse : elle sert à arroser des vergers, et suffit pour entretenir sur ses bords une fraîcheur trop rare en Grèce. Nous revînmes ensuite sur nos pas, toujours à travers la forêt d'oliviers. Nous laissâmes à droite un petit tertre couvert de rochers : c'était Colonne, au bas duquel on voyait autrefois le village de la retraite de Sophocle, et le lieu où ce grand tragique fit répandre au père d'Antigone ses dernières larmes. Nous suivîmes quelque temps la voie d'Airain, on y remarque les vestiges du temple des Furies : de là, en nous rapprochant d'Athènes, nous errâmes assez longtemps dans les environs de l'Académie. Rien ne fait plus reconnaître cette retraite des sages. Ses premiers platanes sont tombés sous la hache de Sylla, et ceux qu'Adrien y fit peut-être cultiver de nouveau n'ont point échappé à d'autres Barbares. L'autel de l'Amour, celui de Prométhée et celui des muses ont disparu : tout feu divin s'est éteint dans les bocages où Platon fut si souvent inspiré. Deux traits suffiront pour faire connaître quel charme et quelle grandeur l'antiquité trouvait aux leçons de ce philosophe : la veille du jour où Socrate reçut Platon au nombre de ses disciples, il rêva qu'un cygne venait se reposer dans son sein ; la mort ayant empêché Platon de finir le *Critias*, Plutarque déplore ce malheur, et compare les écrits du chef de l'Académie aux temples d'Athènes, parmi lesquels celui de Jupiter-Olympien était le seul qui ne fût pas achevé.

Il y avait déjà une heure qu'il faisait nuit quand nous songeâmes à retourner à Athènes : le ciel était brillant d'étoiles, et l'air d'une douceur, d'une transparence et d'une pureté incomparables ; nos chevaux allaient au petit pas, et nous étions tombés dans le silence. Le chemin que nous parcourions était vraisemblablement l'ancien chemin de l'Académie, que bordaient les tombeaux des citoyens morts pour la patrie, et ceux des plus grands hommes de la Grèce : là reposaient Thrasybule, Périclès, Chabrias, Timothée, Harmodius et Aristogiton. Ce fut une noble idée de rassembler dans un même champ la cendre de ces personnages fameux qui vécurent dans différents siècles, et qui, comme les membres d'une famille illustre longtemps dispersée, étaient venus se reposer au giron de leur mère commune. Quelle variété de génie, de grandeur et de courage ! Quelle diversité de mœurs et de vertus on apercevait là d'un coup d'œil ! Et ces vertus tempérées par la mort, comme ces vins généreux que l'on mêle, dit Platon, avec une divinité sobre, n'offusquaient plus les regards des vivants. Le passant qui lisait sur une colonne funèbre ces simples mots :

PÉRICLÈS, DE LA TRIBU ACAMANTIDE,
DU BOURG DE CHOLARGUE,

n'éprouvait plus que de l'admiration sans envie. Cicéron nous représente Atticus errant au milieu de ces tombeaux, et saisi d'un saint respect à la vue de ces augustes cendres. Il ne pourrait plus aujourd'hui nous faire la même peinture : les tombeaux sont détruits. Les illustres morts que les Athéniens avaient placés hors de leur ville, comme aux avant-postes, ne se sont point levés pour la défendre ; ils ont souffert que des Tartares la foulassent aux pieds. « Le temps, la violence et la charrue, dit Chandler, ont tout nivelé. » La charrue est de trop ici ; et cette remarque que je fais peint mieux la désolation de la Grèce, que les réflexions auxquelles je pourrais me livrer.

Il me restait encore à voir dans Athènes les théâtres et les monuments de l'intérieur de la ville : c'est à quoi je consacrai la journée du 26. J'ai déjà dit, et tout le monde sait que le théâtre de Bacchus était au pied de la citadelle, du côté du mont Hymette. L'Odéum, commencé par Périclès, achevé par Lycurgue, fils de Lycophron, brûlé par Aristion et par Sylla, rétabli par Ariobarzanes, était auprès du théâtre de Bacchus ; ils se communiquaient peut-être par un portique. Il est probable qu'il existait au même lieu un troisième théâtre bâti par Hérode-Atticus. Les gradins de ce théâtre étaient appuyés sur le talus de la montagne qui leur servait de fondement.

Les ruines de ce théâtre sont peu de chose : je n'en fus point frappé, parce que j'avais vu en Italie des monuments de cette espèce, beaucoup plus vastes et mieux conservés ; mais je fis une réflexion bien triste : sous les empereurs romains, dans un temps où Athènes était encore l'école du monde, les gladiateurs représentaient leurs jeux sanglants sur le théâtre de Bacchus. Les chefs-d'œuvre d'Eschyle, de Sophocle et d'Euripide ne se jouaient plus ; on avait substitué des assassinats et des meurtres à ces spectacles, qui donnent une grande idée de l'esprit humain, et qui sont le noble amusement des nations policées. Les Athéniens couraient à ces cruautés avec la même ardeur. Qui s'était élevé si haut pouvait-il descendre si bas? Qu'était donc devenu cet autel de la Pitié, que l'on voyait au milieu de la place publique à Athènes, et auquel les suppliants venaient suspendre des bandelettes? Si les Athéniens étaient les seuls Grecs qui, selon Pausanias, honorassent la pitié, et la regardassent comme la consolation de la vie, ils avaient donc bien changé ! Certes, ce n'était pas pour des combats de gladiateurs qu'Athènes avait été nommée le *sacré domicile* des dieux. Peut-être les peuples, ainsi que les hommes, sont-ils cruels dans leur décrépitude comme dans leur enfance ; peut-être le génie des nations s'épuise-t-il; et quand il a tout produit, tout parcouru, tout goûté, rassasié de ses propres chefs-d'œuvre, et incapable d'en produire de nouveaux, il s'abrutit et retourne aux sensations purement physiques. Le christianisme empêchera les nations modernes de finir par une aussi déplorable vieillesse ; mais si toute religion venait à s'éteindre parmi nous, je ne serais point étonné qu'on entendît les cris du gladiateur mourant sur la scène où retentissent aujourd'hui les douleurs de Phèdre et d'Andromaque.

Après avoir visité les théâtres, nous rentrâmes dans la ville, où nous jetâmes un coup d'œil sur le portique qui formait peut-être l'entrée de l'Agora. Nous nous arrêtâmes à la tour des Vents, dont Pausanias n'a point parlé, mais que Vitruve et Varron ont fait connaître. Je passe sous silence quelques ruines d'ordre corinthien, que l'on prend pour le Pœcile, pour les restes du temple de Jupiter-Olympien, pour le Prytanée, et qui peut être n'appartiennent à aucun de ces édifices. Ce qu'il y a de certain, c'est qu'elles ne sont pas du temps de Périclès. On y sent la grandeur mais aussi l'infériorité romaine : tout ce que les empereurs ont touché à Athènes se reconnaît au premier coup d'œil, et forme une disparate sensible avec les chefs-d'œuvre du siècle de Périclès. Enfin nous allâmes au couvent français rendre à l'unique religieux qui l'occupe la visite qu'il m'avait faite. J'ai déjà dit que le couvent de nos missionnaires comprend dans ses dépendances le monument choragique de Lysicrates. Ce fut à ce dernier monument que j'achevai de payer mon tribut d'admiration aux ruines d'Athènes.

Cette élégante production du génie des Grecs fut connue des premiers voyageurs sous le nom de *Fanari tou Demosthenis*. « Dans la maison qu'ont achetée depuis peu » les Pères capucins, dit le jésuite Babin, en 1672, il y a » une antiquité bien remarquable, et qui, depuis le » temps de Démosthènes est demeurée en son entier : » on l'appelle ordinairement *la Lanterne de Démosthènes*. »

On a reconnu depuis, et Spon le premier, que c'est un monument choragique élevé par Lysicrates dans la rue des Trépieds.

Certainement ce n'est pas un des jeux les moins étonnants de la fortune que d'avoir logé un capucin dans le monument choragique de Lysicrates ; mais ce qui, au premier coup d'œil, peut paraître bizarre, devient touchant et respectable quand on pense aux heureux effets de nos missions, quand on songe qu'un religieux français donnait à Athènes l'hospitalité à Chandler, tandis qu'un autre religieux français secourait d'autres voyageurs à la Chine, au Canada, dans les déserts de l'Afrique et de la Tartarie.

« Les Pères jésuites étaient à Athènes avant les capu-
» cins, et n'en ont jamais été chassés. Ils ne se sont
» retirés à Négrepont que parce qu'ils y ont trouvé plus
» d'occupation, et qu'il y a plus de Francs qu'à Athènes.
» Leur hospice était presque à l'extrémité de la ville,
» du côté de la maison de l'archevêque. Pour ce qui est
» des capucins, ils sont établis à Athènes depuis l'an-
» née 1658, et le père Simon acheta le Fanari et la
» maison joignante en 1669, y ayant eu d'autres reli-
» gieux de son ordre avant lui dans la ville. »

C'est donc à ces missions si longtemps décriées que nous devons encore nos premières notions sur la Grèce antique. Aucun voyageur n'avait quitté ses foyers pour visiter le Parthénon, que déjà des religieux, exilés sur ses ruines fameuses, nouveaux dieux hospitaliers, attendaient l'antiquaire et l'artiste. Des savants demandaient ce qu'était devenue la ville de Cécrops, et il y avait à Paris, au noviciat de Saint-Jacques, un Père Barnabé, et à Compiègne un Père Simon, qui auraient pu leur en donner des nouvelles ; mais ils ne faisaient point parade de leur savoir : retirés aux pieds du crucifix, ils cachaient dans l'humilité du cloître ce qu'ils avaient appris, et surtout ce qu'ils avaient souffert pendant vingt ans au milieu des débris d'Athènes.

« Les capucins français, dit La Guilletière, qui ont » été appelés à la mission de la Morée par la congréga- » tion *Propaganda fide,* ont leur principale résidence » à Napoli, à cause que les galères des beys y vont hi- » verner, et qu'elles y sont ordinairement depuis le mois » de novembre jusqu'à la fête de saint Georges, qui est » le jour où elles se remettent en mer : elles sont rem- » plies de forçats chrétiens qui ont besoin d'être instruits » et encouragés ; et c'est à quoi s'occupe avec autant » de zèle que de fruit le Père Barnabé de Paris, qui est » présentement supérieur de la maison d'Athènes et de » la Morée. »

Mais si ces religieux revenus de Sparte et d'Athènes étaient si modestes dans leurs cloîtres, peut-être était-ce faute d'avoir bien senti ce que la Grèce a de merveilleux dans ses souvenirs ; peut-être manquaient-ils aussi de l'instruction nécessaire. Ecoutons le Père Babin, jésuite : nous lui devons la première relation que nous ayons d'Athènes.

« Vous pourriez, dit-il, trouver dans plusieurs livres » la description de Rome, de Constantinople, de Jérusa- » lem et des autres villes les plus considérables du » monde, telles qu'elles sont présentement ; mais je ne » sais pas quel livre décrit Athènes telle que je l'ai vue, » et l'on ne pourrait trouver cette ville si on la cher- » chait comme elle est représentée dans Pausanias et » quelques autres anciens auteurs ; mais vous la verrez » ici au même état qu'elle est aujourd'hui, qui est tel » que parmi ses ruines elle ne laisse pas pourtant d'ins- » pirer un certain respect pour elle, tant aux personnes

» pieuses qui en voient les églises, qu'aux savants qui la » reconnaissent pour la mère des sciences, et aux per- » sonnes guerrières et généreuses qui la considèrent » comme le champ de Mars et le théâtre où les plus » grands conquérants de l'antiquité ont signalé leur » valeur, et ont fait paraître avec éclat leur force, leur » courage et leur industrie ; et ces ruines sont enfin » précieuses pour marquer sa première noblesse et pour » faire voir qu'elle a été autrefois l'objet de l'admiration » de l'univers.

» Pour moi, je vous avoue que d'aussi loin que je la » découvris de dessus la mer, avec des lunettes de lon- » gue vue, et que je vis quantité de grandes colonnes de » marbre qui paraissaient de loin et rendent témoignage » de son ancienne magnificence, je me sentis touché de » quelque respect pour elle. »

Le missionnaire passe ensuite à la description des monuments : plus heureux que nous, il avait vu le Parthénon dans son entier.

Enfin cette pitié pour les Grecs, ces idées philanthropiques que nous nous vantons de porter dans nos voyages, étaient-elles donc inconnues des religieux ? Ecoutons encore le P. Babin :

« Que si Solon disait autrefois à un de ses amis, en » regardant de dessus une montagne cette grande ville » et ce grand nombre de magnifiques palais de marbre » qu'il considérait, que ce n'était qu'un grand mais riche » hôpital rempli d'autant de misérables que cette ville » contenait d'habitants, j'aurais bien plus sujet de par- » ler de la sorte et de dire que cette ville, rebâtie des » ruines de ses anciens palais, n'est plus qu'un grand » et pauvre hôpital, qui contient autant de misérables » que l'on y voit de chrétiens. »

On me pardonnera de m'être étendu sur ce sujet. Aucun voyageur avant moi, Spon excepté, n'a rendu justice à ces missions d'Athènes si intéressantes pour un Français : moi-même je les ai oubliées dans le *Génie du Christianisme*. Chandler parle à peine du religieux qui lui donna l'hospitalité, et je ne sais même s'il daigne le nommer une seule fois. Dieu merci, je suis au-dessus de ces petits scrupules. Quand on m'a obligé, je le dis : ensuite je ne rougis point pour l'art, et ne trouve point le monument de Lysicrates déshonoré parce qu'il fait partie du couvent d'un capucin. Le chrétien qui conserve ce monument en le consacrant aux œuvres de la charité me semble tout aussi respectable que le païen qui l'éleva en mémoire d'une victoire remportée dans un chœur de musique.

C'est ainsi que j'achevai ma revue des ruines d'Athènes : je les avais examinées par ordre et avec l'intelligence et l'habitude que dix années de résidence et de travail donnaient à M. Fauvel.

J'étais bien aise de quitter Athènes de nuit : j'aurais eu trop de regret de m'éloigner de ces ruines à la lumière du soleil : au moins, comme Agar, je ne voyais point ce que je perdais pour toujours. Je mis la bride sur le cou de mon cheval, et suivant le guide et Joseph qui marchaient en avant, je me laissai aller à mes réflexions ; je fus, tout le chemin, occupé d'un rêve assez singulier. Je me figurais qu'on m'avait donné l'Attique en souveraineté. Je faisais publier dans toute l'Europe, que quiconque était fatigué des révolutions et désirait trouver la paix, vînt se consoler sur les ruines d'Athènes, où je promettais repos et sûreté ; j'ouvrais des chemins, je bâtissais des auberges, je préparais toutes sortes de commodités pour les voyageurs ; j'achetais un port sur le golfe de Lépante, afin de rendre la traversée d'Otrante à Athènes plus courte et plus facile. On sent bien que je ne négligeais pas les monuments : les chefs-d'œuvre de la citadelle étaient relevés sur leurs plans et d'après leurs ruines ; la ville, entourée de bons murs, était à l'abri du pillage des Turcs. Je fondais une Université, où les enfants de toute l'Europe venaient apprendre le grec littéral et le grec vulgaire. J'invitais les Hydriottes à s'établir au Pirée, et j'avais une marine. Les montagnes nues se couvraient de pins pour redonner des eaux à mes fleuves ; j'encourageais l'agriculture ; une foule de Suisses et d'Allemands se mêlaient à mes Albanais ; chaque jour on faisait de nouvelles découvertes, et Athènes sortait du tombeau. En arrivant à Kératia, je sortis de mon songe, et je me retrouvai *Gros-Jean comme devant.*

Nous avions tourné le mont Hymette, en passant au midi du Pentélique ; puis nous rabattant vers la mer, nous étions entrés dans la chaîne du mont Laurium, où les Athéniens avaient autrefois leurs mines d'argent. Cette partie de l'Attique n'a jamais été bien célèbre : on trouvait entre Phalère et le cap Sunium plusieurs villes et bourgades telles qu'Anaphlystus, Azénia, Lampra, Anagyrus, Alimus, Thoræ, Æxone, etc. Wheler et Chandler firent des excursions peu fructueuses dans ces lieux abandonnés ; et M. Lechevalier traversa le même désert quand il débarqua au cap Sunium, pour se rendre à Athènes. L'intérieur de ce pays était encore moins connu et moins habité que les côtes ; et je ne saurais assigner d'origine au village de Kératia. Il est situé dans un vallon assez fertile, entre des montagnes qui le dominent de tous côtés, et dont les flancs sont couverts de sauges, de romarins et de myrtes. Le fond du vallon est cultivé, et les propriétés y sont divisées, comme elles l'étaient autrefois dans l'Attique, par des haies plantées d'arbres. Les oiseaux abondent dans le pays, et surtout les huppes, les pigeons ramiers, les perdrix rouges et les corneilles mantelées. Le village consiste dans une douzaine de maisons assez propres et écartées les unes des autres. On voit sur la montagne des troupeaux de chèvres et de moutons ; et dans la vallée des cochons, des ânes, des chevaux et quelques vaches.

Nous allâmes descendre le 27 chez un Albanais de la connaissance de M. Fauvel. Je me transportai tout de suite, en arrivant, sur une hauteur à l'orient du village, mais je n'aperçus que la mer et l'île de Zéa. Le soir, au coucher du soleil, on alluma un feu de myrtes et de bruyères au sommet d'une montagne. Un chevrier posté sur la côte devait venir nous annoncer les bateaux de Zéa aussitôt qu'il les découvrirait.

Je tombai malade. Si j'ai eu un moment de désespoir dans ma vie, je crois que ce fut celui où, saisi d'une fièvre violente, je sentis que mes idées se brouillaient, mon impatience redoubla mon mal. Me voir tout à coup arrêté dans mon voyage par cet accident ! la fièvre me retenir à Kératia, dans un endroit inconnu, dans la cabane d'un Albanais ! Encore si j'étais resté à Athènes ! si j'étais mort au lit d'honneur en voyant le Parthénon ! Mais quand cette fièvre ne serait rien, pour peu qu'elle dure quelques jours, mon voyage n'est-il pas manqué ? Les pèlerins de Jérusalem seront partis, la saison passée. Que deviendrai-je dans l'Orient ? Aller par terre à Jérusalem ? attendre une autre année ? La France, mes amis, mes projets, mon ouvrage que je laisserais sans être fini, me revenaient tour à tour dans la mémoire. Toute la nuit Joseph ne cessa de me donner à boire de grandes cruches d'eau, qui ne pouvaient éteindre ma soif. La terre sur laquelle j'étais étendu était, à la lettre, trempée de mes sueurs, et ce fut cela même qui me sauva. J'avais par moments un véritable délire ; je chantais la chanson de Henri IV ; Joseph se désolait et disait : *O Dio, che questo ? Il signor canta ! Poveretto !*

J'avais pris Kératia dans une telle aversion, qu'il me tardait d'en sortir. Vers six heures du soir nous passâmes en dedans de l'île aux Anes, autrefois l'île de Patrocle ; et au coucher du soleil nous entrâmes au port de Sunium : c'est une crique abritée par le rocher qui soutient les ruines du temple. Nous sautâmes à terre, et je montai sur le cap.

Les Grecs n'excellaient pas moins dans le choix des sites de leurs édifices que dans l'architecture de ces édifices mêmes. La plupart des promontoires du Péloponèse, de l'Attique, de l'Ionie et des îles de l'Archipel étaient marqués par des temples, des trophées ou des tombeaux. Ces monuments, environnés de bois et de rochers, vus dans tous les accidents de la lumière, tantôt au milieu des nuages et de la foudre, tantôt éclairés par la lune, par le soleil couchant, par l'aurore, devaient rendre les côtes de la Grèce d'une imcomparable beauté : la terre ainsi décorée se présentait aux yeux du nautonnier sous les traits de la vieille Cybèle, qui, couronnée de tours et assise au bord du rivage, commandait à Neptune son fils de répandre ses flots à ses pieds.

Le christianisme, à qui nous devons la seule architecture conforme à nos mœurs, nous avait aussi appris à placer nos vrais monuments : nos chapelles, nos abbayes, nos monastères étaient dispersés dans les bois et sur la cime des montagnes ; non que le choix des sites fût toujours un dessein prémédité de l'architecte, mais parce qu'un art, quand il est en rapport avec les coutumes d'un peuple, fait naturellement ce qu'il y a de mieux à faire. Remarquez au contraire combien nos édifices imités de l'antique sont pour la plupart mal placés! Avons-nous jamais pensé, par exemple, à orner la seule hauteur dont Paris soit dominé? La religion seule y avait songé pour nous. Les monuments grecs modernes ressemblent à la langue corrompue qu'on parle aujourd'hui à Sparte et à Athènes : on a beau soutenir que c'est la langue d'Homère et de Platon, un mélange de mots grossiers et de constructions étrangères trahit à tout moment les Barbares.

Je faisais ces réflexions à la vue des débris du temple de Sunium : ce temple était d'ordre dorique et du bon temps de l'architecture. Je découvrais au loin la mer de l'Archipel avec toutes ses îles : le soleil couchant rougissait les côtes de Zéa et les quatorze belles colonnes de marbre blanc au pied desquelles je m'étais assis. Les sauges et les génévriers répandaient autour des ruines une odeur aromatique, et le bruit des vagues montait à peine jusqu'à moi.

Le Péloponèse est désert : depuis la guerre des Russes, le joug des Turcs s'est appesanti sur les Moraïtes; les Albanais ont massacré une partie de la population. On ne voit que des villages détruits par le fer et par le feu : dans les villes, comme à Misitra, des faubourgs entiers sont abandonnés; j'ai fait souvent quinze lieues dans les campagnes sans rencontrer une seule habitation. De criantes avanies, des outrages de toutes les espèces, achèvent de détruire de toutes parts l'agriculture et la vie; chasser un paysan grec de sa cabane, s'emparer de sa femme et de ses enfants, le tuer sous le plus léger prétexte, est un jeu pour le moindre aga du plus petit village. Parvenu au dernier degré du malheur, le Moraïte s'arrache de son pays et va chercher en Asie un sort moins rigoureux. Vain espoir ! il ne peut fuir sa destinée : il retrouve des cadis et des pachas jusque dans les sables du Jourdain et dans les déserts de Palmyre !

L'Attique, avec un peu moins de misère, n'offre pas moins de servitude.

On dirait que la Grèce elle-même a voulu annoncer par son deuil le malheur de ses enfants, En général, le pays est inculte, le sol nu, monotone, sauvage, et d'une couleur jaune et flétrie. Il n'y a point de fleuves proprement dits, mais de petites rivières, et des torrents qui sont à sec pendant l'été. On n'aperçoit point ou presque point de fermes dans les champs ; on ne voit point de laboureurs; on ne rencontre point de charrettes et d'attelages de bœufs. Rien n'est triste comme de ne pouvoir jamais découvrir la marque d'une roue moderne là où vous apercevez encore, dans le rocher, la trace des roues antiques. Quelques paysans en tunique, la tête couverte d'une calotte rouge, comme les galériens de Marseille, vous donnent en passant un triste *kali spera* (bonsoir). Ils chassent devant eux des ânes et des petits chevaux, les crins déchevelés, qui leur suffisent pour porter leur mince équipage champêtre, ou le produit de leur vigne. Bordez cette terre dévastée d'une mer presque aussi solitaire ; placez sur la pente d'un rocher une vedette délabrée, un couvent abandonné; qu'un minaret s'élève du sein de la solitude pour annoncer l'esclavage, qu'un troupeau de chèvres ou de moutons paisse sur un cap parmi des colonnes en ruines, que le turban d'un voyageur turc mette en fuite les chevriers et rende le chemin plus désert, et vous aurez une idée assez juste du tableau que présente la Grèce.

On a recherché les causes de la décadence de l'empire romain ; il y aurait un bel ouvrage à faire sur les causes qui ont précipité la chute des Grecs. Athènes et Sparte ne sont point tombées par les mêmes raisons qui ont amené la ruine de Rome ; elles n'ont point été entraînées par leur propre poids et par la grandeur de leur empire. On ne peut pas dire non plus qu'elles aient péri par leurs richesses : l'or des alliés et l'abondance que le commerce répandit à Athènes, furent, en dernier résultat, très peu de chose ; jamais on ne vit parmi les citoyens ces fortunes colossales qui annoncent le changements des mœurs (1) ; et l'Etat fut toujours si pauvre, que les rois de l'Asie s'empressaient de le nourrir, ou de contribuer aux frais de ses monuments. Quant à Sparte, l'argent des Perses y corrompit quelques particuliers ; mais la république ne sortit point de l'indigence.

Près de quitter la Grèce, je me retraçais naturellement l'histoire de ce pays ; je cherchais à découvrir dans l'ancienne prospérité de Sparte et d'Athènes la cause de leur malheur actuel, et dans leur sort présent, les germes de leur future destinée. Le brisement de la mer, qui augmentait par degrés contre le rocher, m'avertit que le vent s'était levé, et qu'il était temps de continuer mon voyage. Nous poussâmes au large ; et la brise, qui était de terre, nous emporta rapidement vers Zéa. A mesure que nous nous éloignions, les colonnes de Sunium paraissaient plus belles au-dessus des flots : on les aper-

(1) Les grandes fortunes à Athènes, telles que celle d'Hérode, Atticus, n'eurent lieu que sous l'empire romain.

cevait parfaitement sur l'azur du ciel, à cause de leur extrême blancheur et de la sérénité de la nuit. Nous étions déjà assez loin du cap, que notre oreille était encore frappée du bouillonnement des vagues au pied du roc, du murmure des vents dans les genévriers, et du chant des grillons qui habitent seuls les ruines du temple : ce furent les derniers bruits que j'entendis sur la terre de la Grèce.

ILES DE L'ARCHIPEL.

Je changeai de théâtre : les îles que j'allais traverser étaient, dans l'antiquité, une espèce de pont jeté sur la mer pour joindre la Grèce d'Asie à la véritable Grèce. Libres ou sujettes, attachées à la fortune de Sparte ou d'Athènes, aux destinées des Perses, à celles d'Alexandre et de ses successeurs, elles tombèrent sous le joug romain. Tour à tour arrachées au Bas-Empire par les Vénitiens, les Génois, les Catalans, les Napolitains, elles eurent des princes particuliers, et même des ducs qui prirent le titre général de ducs de l'Archipel. Enfin les soudans de l'Asie descendirent vers la Méditerranée; et, pour annoncer à celle-ci sa future destinée, ils se firent apporter de l'eau de la mer, du sable et une rame. Les îles furent néanmoins subjuguées les dernières; mais enfin elles subirent le sort commun ; et la bannière latine, chassée de proche en proche par le Croissant, ne s'arrêta que sur le rivage de Corfou.

De cette lutte des Grecs, des Turcs et des Latins, il résulta que les îles de l'Archipel furent très connues dans le moyen-âge : elles étaient sur la route de toutes ces flottes qui portaient des armées ou des pèlerins à Jérusalem, à Constantinople, en Egypte, en Barbarie ; elles devinrent les stations de tous ces vaisseaux génois et vénitiens qui renouvelèrent le commerce des Indes par le port d'Alexandrie : aussi retrouve-t-on les noms de Chio, de Lesbos, de Rhodes, à chaque pas de la *Byzantine ;* et tandis qu'Athènes et Lacédémone étaient oubliées, on savait la fortune du plus petit écueil de l'Archipel.

Le 30 août, à huit heures du matin, nous entrâmes dans le port de Zéa : il est vaste, mais d'un aspect désert et sombre, à cause de la hauteur des terres dont il est environné. On n'aperçoit sous les rochers du rivage que quelques chapelles en ruines et les magasins de la douane. Le village de Zéa est bâti en amphithéâtre sur le penchant inégal d'une montagne ; ce n'est qu'un village malpropre et désagréable, mais assez peuplé ; les ânes, les cochons, les poules vous y disputent le passage des rues ; il y a une si grande multitude de coqs, et ces coqs chantent si souvent et si haut, qu'on en est véritablement étourdi.

Zéa, l'ancienne Céos, fut célèbre dans l'antiquité par une coutume qui existait aussi chez les Celtes, et que l'on a retrouvée parmi les sauvages de l'Amérique : les vieillards de Céos se donnaient la mort.

Le commerce de Zéa consiste aujourd'hui dans les glands du velani (1), que l'on emploie dans les teintures. La gaze de soie en usage chez les anciens avait été inventée à Céos ; les poètes, pour peindre sa transparence et sa finesse, l'appelaient du *vent tissu*. Zéa fournit encore de la soie.

Tino, autrefois Ténos, n'est séparé d'Andros que par un étroit canal : c'est une île haute qui repose sur un rocher de marbre. Les Vénitiens la possédèrent longtemps, elle n'est célèbre dans l'antiquité que par ses serpents : la vipère avait pris son nom de cette île.

La mer, comme disent les marins, était tombée et le ciel s'était éclairci : Scyros, où Achille passa son enfance; Délos, célèbre par la naissance de Diane et d'Apollon, par son palmier, par ses fêtes ; Naxos, qui me rappelait Ariadne, Thésée, Bacchus. Mais toutes ces îles, si riantes autrefois, ou peut-être si embellies par l'imagination des poètes, n'offrent aujourd'hui que des côtes désolées et arides. De tristes villages s'élèvent en pain de sucre sur des rochers ; ils sont dominés par des châteaux plus tristes encore, et quelquefois environnés d'une double ou triple enceinte de murailles : on y vit dans la frayeur perpétuelle des Turcs et des pirates. Comme ces villages fortifiés tombent cependant en ruines, ils font naître à la fois, dans l'esprit du voyageur, l'idée de toutes les misères. Rousseau dit quelque part qu'il eût voulu être exilé dans une des îles de l'Archipel. L'éloquent sophiste se fût bientôt repenti de son choix. Séparé de ses admirateurs, relégué au milieu de quelques Grecs grossiers et perfides, il n'aurait trouvé dans des vallons brûlés par le soleil ni fleurs, ni ruisseaux, ni ombrages ; il n'aurait vu au-

(1) Espèce de chêne.

tour de lui que des bouquets d'oliviers, des rochers rougeâtres, tapissés de sauge et de baume sauvage : je doute qu'il eût désiré longtemps continuer ses promenades, au bruit du vent et de la mer, le long d'une côte inhabitée.

Nous appareillâmes à midi. Le vent du nord nous porta assez rapidement sur Scio ; mais nous fûmes obligés de courir des bordées, entre l'île et la côte d'Asie, pour embouquer le canal. Nous voyons des terres et des îles tout autour de nous : les unes rondes et élevées comme Samos, les autres longues et basses comme les caps du golfe d'Ephèse ; ces terres et ces îles étaient différemment colorées, selon le degré d'éloignement.

Nous vînmes mouiller pendant la nuit au port de Chio, « fortunée patrie d'Homère, » dit Fénelon dans les *Aventures d'Aristonoüs*, chef-d'œuvre d'harmonie et de goût antique.

Nous sortîmes du port le 1er septembre à midi : la brise du nord commençait à s'élever, et elle devint en peu de temps très violente. Nous essayâmes d'abord de prendre la passe de l'ouest entre Chio et les îles Spalmodores (1), qui ferment le canal quand on fait voile pour Mételin ou pour Smyrne. Mais nous ne pûmes doubler le cap Delphino : nous portâmes à l'est, et nous allongeâmes la bordée jusque dans le port de Tchesmé. De là, revenant sur Chio, puis retournant sur le mont Mimas, nous parvînmes enfin à nous élever au cap Cara Bouroun, à l'entrée du golfe de Smyrne. Il était dix heures du soir : le vent nous manqua, et nous passâmes la nuit en calme sous la côte d'Asie.

(1) *Elim Œnussiæ.*

Le 2, à la pointe du jour, nous nous éloignâmes de terre à la rame, afin de profiter de l'imbat aussitôt qu'il commencerait à souffler : il parut de meilleure heure que de coutume. Nous eûmes bientôt passé les îles de Dourlach, et nous vînmes raser le château qui commande le fond du golfe ou le port de Smyrne. J'aperçus alors la ville dans le lointain, au travers d'une forêt de mâts de vaisseaux : elle paraissait sortir de la mer, car elle est placée sur une terre basse et unie que dominent au sud-est des montagnes d'un aspect stérile. Joseph ne se possédait pas de joie : Smyrne était pour lui une seconde patrie ; le plaisir de ce pauvre garçon m'affligeait presque, en me faisant d'abord penser à mon pays ; en me montrant ensuite que l'axiôme, *ubi bene, ibi patria*, n'est que trop vrai pour la plupart des hommes.

Smyrne, où je voyais une multitude de chapeaux (1), m'offrait l'aspect d'une ville maritime d'Italie, dont un quartier serait habité par des Orientaux. Joseph me conduisit chez M. Chauderloz, qui occupait alors le consulat français de cette importante échelle. J'aurai souvent à répéter les éloges que j'ai déjà faits de l'hospitalité de nos consuls ; je prie mes lecteurs de me le pardonner : car, si ces redites les fatiguent, je ne puis toutefois cesser d'être reconnaissant.

Je n'ai rien à dire de Smyrne après Tournefort, Chandler, Peyssonnel, Dallaway et tant d'autres ; mais je ne puis me refuser au plaisir de citer un morceau du *Voyage* de M. Choiseul :

(1) Le turban et le chapeau font la principale distinction des Francs et des Turcs ; et, dans le langage du Levant, on compte par chapeaux et par turbans.

« Les Grecs sortis du quartier d'Ephèse, nommé » *Smyrna*, n'avaient bâti que des hameaux au fond du » golfe, qui depuis a porté le nom de leur première » patrie ; Alexandre voulut les rassembler, et leur fit » construire une ville près de la rivière Mélès. Antigone » commença cet ouvrage par ses ordres, et Lysimaque » le finit.

» Une situation aussi heureuse que celle de Smyrne » était digne du fondateur d'Alexandrie, et devait assu- » rer la prospérité de cet établissement. Admise par les » villes d'Ionie à partager les avantages de leur confé- » dération, cette ville devint bientôt le centre du com- » merce de l'Asie-Mineure : son luxe y attira tous les » arts ; elle fut décorée d'édifices superbes, et remplie » d'une foule d'étrangers qui venaient l'enrichir des » productions de leur pays, admirer ses merveilles, » chanter avec ses poètes et s'instruire avec ses philo- » sophes. Un dialecte plus doux prêtait un nouveau » charme à cette éloquence qui paraissait un attribut des » Grecs. La beauté du climat semblait influer sur celle » des individus, qui offraient aux artistes des modèles à » l'aide desquels ils faisaient connaître au reste du » monde la nature et l'art réunis dans leur perfection.

» Elle était une des villes qui revendiquaient l'hon- » neur d'avoir vu naître Homère : on montrait sur le » Mélès le lieu où Crithéis sa mère lui avait donné le » jour, et la caverne où il se retirait pour composer » ses vers immortels. Un monument élevé à sa gloire, » et qui portait son nom, présentait au milieu de la » ville de vastes portiques sous lesquels se rassemblaient » les citoyens ; enfin leur monnaie portait son image, » comme s'ils eussent reconnu pour souverain le génie » qui les honorait.

» Smyrne conserva les restes précieux de cette prospérité jusqu'à l'époque où l'empire eut à lutter contre les Barbares : elle fut prise par les Turcs, reprise par les Grecs, toujours pillée, toujours détruite. Au commencement du treizième siècle il n'en existait plus que les ruines et la citadelle qui fut réparée par l'empereur Jean Comnène, mort en 1224 : cette forteresse ne put résister aux efforts des princes Turcs, dont elle fut souvent la résidence, malgré les chevaliers de Rhodes, qui, saisissant une circonstance favorable, parvinrent à y construire un fort et à s'y maintenir, mais Tamerlan prit en quatorze jours cette place que Bajazet bloquait depuis sept ans.

» Smyrne ne commença à sortir de ses ruines que lorsque les Turcs furent entièrement maîtres de l'empire : alors sa situation lui rendit les avantages que la guerre lui avait fait perdre ; elle redevint l'entrepôt du commerce de ces contrées. Les habitants rassurés abandonnèrent le sommet de la montagne, et bâtirent de nouvelles maisons sur le bord de la mer : ces constructions modernes ont été faites avec les marbres de tous les monuments anciens, dont il reste à peine des fragments, et l'on ne retrouve plus que la place du stade et du théâtre. On chercherait vainement à reconnaître les vestiges des fondations, ou quelques pans de murailles qui s'aperçoivent entre la forteresse et l'emplacement de la ville actuelle. »

Les tremblements de terre, les incendies et la peste ont maltraité la Smyrne moderne, comme les Barbares ont détruit la Smyrne antique. Le dernier fléau que j'ai nommé a donné lieu à un dévouement qui mérite d'être remarqué entre les dévouements de tant d'autres missionnaires ; l'histoire n'en sera [pas suspecte ; c'est un ministre anglican qui la rapporte. Frère Louis de Pavie, de l'ordre des Récollets, supérieur et fondateur de l'hôpital Saint-Antoine, à Smyrne, fut attaqué de la peste : il fit vœu, si Dieu lui rendait la vie, de la consacrer au service des pestiférés. Arraché miraculeusement à la mort, frère Louis a rempli les conditions de son vœu. Les pestiférés qu'il a soignés sont sans nombre, et l'on a calculé qu'il a sauvé à peu près les deux tiers (1) des malheureux qu'il a secourus.

Je n'avais donc rien à voir à Smyrne, si ce n'est ce Mélès, que personne ne connaît, et dont trois ou quatre ravines se disputent le nom (2). Mais une chose qui me frappa et me surprit, ce fut l'extrême douceur de l'air. Le ciel, moins pur que celui de l'Attique, avait cette teinte que les peintres appellent un *ton chaud;* c'est-à-dire qu'il était d'une vapeur déliée, un peu rougie par la lumière. Quand la brise de mer venait à manquer, je sentais une langueur qui approchait de la défaillance : je reconnus la molle Ionie. Mon séjour à Smyrne me força à une nouvelle métamorphose ; je fus obligé de reprendre les airs de la civilisation, de recevoir et de rendre des visites. Les négociants qui me firent l'honneur de me venir voir étaient riches ; et, quand j'allai

(1) Voyez Dallaway. Le grand moyen employé par le frère Louis était d'envelopper le malade dans une chemise trempée d'huile.

(2) Chandler en fait pourtant une description assez *poétique*, quoiqu'il se moque des poëtes et des peintres qui se sont avisés de donner des eaux à l'Ilissus. Il fait couler le Mélès derrière le château. La carte de Smyrne de M. de Choiseul marque aussi le cours du fleuve, père d'Homère. Comment se fait-il qu'avec toute l'imagination qu'on me suppose, je n'aie pu voir en Grèce ce que tant d'illustres et graves voyageurs y ont vu? J'ai un maudit amour de la vérité et une crainte de dire ce qui n'est pas, qui l'emportent en moi sur toute autre considération.

les saluer à mon tour, je trouvai chez eux des femmes élégantes qui semblaient avoir reçu le matin leurs modes de chez Leroi. Placé entre les ruines d'Athènes et les débris de Jérusalem, cet autre Paris, où j'étais arrivé sur un bateau grec, et d'où j'allais sortir avec une caravane turque, coupait d'une manière piquante les scènes de mon voyage ; c'était une espèce d'oasis civilisée, une Palmyre au milieu des déserts et de la barbarie. J'avoue néanmoins que, naturellement un peu sauvage, ce n'était pas ce qu'on appelle la société que j'étais venu chercher en Orient : il me tardait de voir des chameaux et d'entendre le cri du cornac.

Il était minuit quand nous arrivâmes au kan de Ménémen. J'aperçus de loin une multitude de lumières éparses : c'était le repos d'une caravane. En approchant, je distinguai les chameaux, les uns couchés, les autres debouts ; ceux-ci chargés de leurs fardeaux, ceux-là débarrassés de leurs bagages. Des chevaux et des ânes débridés mangeaient l'orge dans des seaux de cuir, quelques cavaliers se tenaient encore à cheval, et les femmes voilées n'étaient point descendues de leurs dromadaires. Assis les jambes croisées sur des tapis, des marchands turcs étaient groupés autour des feux qui servaient aux esclaves à préparer le pilau ; d'autres voyageurs fumaient leurs pipes à la porte du kan, mâchaient de l'opium, écoutaient des histoires. On brûlait le café dans les poêlons ; des vivandières allaient de feux en feux, proposant des gâteaux de blé grué, des fruits et de la volaille ; des chanteurs amusaient la foule ; des imans faisaient des ablutions, se prosternaient, se relevaient, invoquaient le prophète ; des chameliers dormaient étendus sur la terre. Le sol était jonché de baliots, de sacs de coton, de *couffes* de riz. Tous ces objets, tantôt distincts et vivement éclairés, tantôt confus et plongés dans une demi-ombre, selon la couleur et le mouvement des feux, offraient une véritable scène des *Mille et une Nuits*. Il n'y manquait que le calife Aroun al Raschild, le visir Giafar, et Mesrour, chef des ennuques. Je me souvins alors, pour la première fois, que je foulais les plaines de l'Asie, partie du monde qui n'avait point encore vu la trace de mes pas, hélas ! ni ces chagrins que je partage avec tous les hommes. Je me sentis pénétré de respect pour cette vieille terre où le genre humain prit naissance, où les patriarches vécurent, où Tyr et Babylone s'élevèrent, où l'Eternel appela Cyrus et Alexandre, où Jésus-Christ accomplit le mystère de notre salut. Un monde étranger s'ouvrait devant moi : j'allais rencontrer des nations qui m'étaient inconnues, d'autres animaux, d'autres plantes, un ciel nouveau, une nature nouvelle. Je passais bientôt l'Hermus et le Granique, Sardes n'était pas loin ; je m'avançais vers Pergame et vers Troie : l'histoire me déroulait une autre page des révolutions de l'espèce humaine.

Je m'éloignai à mon grand regret de la caravane. Après deux heures de marche nous arrivâmes au bord de l'Hermus, que nous traversâmes dans un bac. C'est toujours le *turbidus Hermus :* je ne sais s'il roule encore de l'or. Je le regardai avec plaisir, car c'était le premier fleuve, proprement dit, que je rencontrais depuis que j'avais quitté l'Italie. Nous entrâmes à la pointe du jour dans une plaine bordée de montagnes peu élevées. Le pays offrait un aspect tout différent de celui de la Grèce : les cotoniers verts, le chaume jaunissant des blés, l'écorce variée des pastèques, diapraient agréablement la campagne ; les chameaux paissaient çà et là avec des buffles. Nous laissions derrière nous Magnésie et le mont Sipylus :

ainsi nous n'étions pas éloignés des champs de bataille où Agésilas humilia la puissance du grand roi, et où Scipion remporta sur Antiochus cette victoire qui ouvrit aux Romains le chemin de l'Asie.

Nous aperçûmes au loin sur notre gauche les ruines de Cyme, et nous avions Néon-Tichos à notre droite : j'étais tenté de descendre de cheval et de marcher à pied, par respect pour Homère, qui avait passé dans ces mêmes lieux.

« Quelque temps après, le mauvais état de ses affaires
» le disposa à aller à Cyme. S'étant mis en route, il
» traversa la plaine de l'Hermus et arriva à Néon-Tichos,
» colonie de Cyme : elle fut fondée huit ans après Cyme.
» On prétend qu'étant en cette ville chez un armurier,
» il récita ces vers les premiers qu'il a faits : « O vous,
» citoyens de l'aimable fille de Cyme, qui habitez au
» pied du mont Sardène, dont le sommet est ombragé de
» bois qui répandent la fraîcheur, et qui vous abreuvez
» de l'eau du divin Hermus, qu'enfanta Jupiter, respec-
» tez la misère d'un étranger qui n'a pas une maison où
» il puisse trouver un asile. »

» L'Hermus coule près de Néon-Tichos, et le mont
» Sardène domine l'un et l'autre. L'armurier s'appelait
» *Tychius* : ces vers lui firent tant de plaisir, qu'il se
» détermina à le recevoir chez lui. Plein de commisé-
» ration pour un aveugle réduit à demander son pain,
» il lui promit de partager avec lui ce qu'il avait. Mélé-
» sigène étant entré dans son atelier, prit un siége, et
» en présence de quelques citoyens de Néon-Tichos, il
» leur montra un échantillon de ses poésies : c'était l'ex-
» pédition d'Amphiaraüs contre Thèbes, et des hymnes
» en l'honneur des dieux. Chacun en dit son sentiment,

» et Mélésigène ayant porté là-dessus son jugement, ses » auditeurs en furent dans l'admiration.

» Tant qu'il fut à Néon-Tichos, ses poésies lui fourni» rent les moyens de subsister : on y montrait encore de » mon temps le lieu où il avait coutume de s'asseoir » quand il récitait ses vers. Ce lieu, qui était encore en » grande vénération, était ombragé par un peuplier » qui avait commencé à croître dans le temps de son » arrivée. »

Après quelques heures de marche nous franchîmes une des croupes du mont Sardène, et nous arrivâmes au bord du Pythicus. Nous fîmes halte pour laisser passer une caravane qui traversait le fleuve. Les chameaux, attachés à la queue les uns des autres, n'avançaient dans l'eau qu'en résistant; ils allongeaient le cou, et étaient tirés par l'âne qui marche à la tête de la caravane.

Nous passâmes le Pythicus à notre tour, au-dessous d'un méchant pont de pierre; et à onze heures nous gagnâmes un kan, où nous laissâmes reposer les chevaux.

A cinq heures du soir nous nous remîmes en route. Les terres étaient hautes et assez bien cultivées. Nous voyions la mer à gauche. Je remarquai, pour la première fois, des tentes de Turcomans : elles étaient faites de peaux de brebis noires, ce qui me fit souvenir des Hébreux et des pasteurs arabes. Nous descendîmes dans la plaine de Myrine, qui s'étend jusqu'au golfe d'Eléc. Un vieux château du nom de *Gusel-Hissar*, s'élevait sur une des pointes de la montagne que nous venions de quitter. Nous campâmes, à dix heures du soir, au milieu de la plaine. On étendit à terre une couverture que j'avais achetée à Smyrne. Je me couchai dessus et je m'endormis. En me réveillant, quelques heures après, je vis les étoiles briller au-dessus de ma tête, et j'entendis le cri du chamelier qui conduisait une caravane éloignée. Le 3 nous montâmes à cheval avant le jour. Nous cheminâmes par une plaine cultivée : nous traversâmes le Caïcus à une lieue de Pergame, et à neuf heures du matin nous entrâmes dans la ville. Elle est bâtie au pied d'une montagne. Tandis que le guide conduisait les chevaux au kan, j'allai voir les ruines de la citadelle. Je trouvai les débris de trois enceintes de murailles, les restes d'un théâtre et d'un temple (peut-être celui de Minerve Porte-Victoire). Je remarquai quelques fragments agréables de sculpture, entre autres, une frise ornée de guirlandes que soutiennent des têtes de bœufs et des aigles. Pergame était au-dessous de moi dans la direction du midi : elle ressemble à un camp de baraques rouges. Au couchant se déroule une grande plaine terminée par la mer ; au levant s'étend une autre plaine bordée au loin par des montagnes ; au midi, et au pied de la ville, je voyais d'abord des cimetières plantés de cyprès ; puis une bande de terre cultivée en orge et en coton ; ensuite deux grands *tumulus* : après cela venait une lisière plantée d'arbres ; et enfin une longue et haute colline qui arrêtait l'œil. Je découvrais aussi au nord-est quelques-uns des replis du Sélinus et du Cétius, et à l'est, l'amphithéâtre dans le creux d'un vallon. La ville, quand je descendis de la citadelle, m'offrit les restes d'un aqueduc et les débris du *Lycée*. Les savants du pays prétendent que la fameuse bibliothèque était renfermée dans ce dernier monument.

CONSTANTINOPLE.

Nous rasâmes la pointe d'Europe, où s'élève le château des Sept-Tours, vieille fortification gothique qui tombe en ruine. Constantinople, et surtout la côte d'Asie, étaient noyées dans le brouillard : les cyprès et les minarets que j'apercevais à travers cette vapeur présentaient l'aspect d'une forêt dépouillée. Comme nous approchions de la pointe du sérail, le vent du nord se leva et balaya en moins de quelques minutes la brume répandue sur le tableau ; je me trouvai tout-à-coup au milieu du palais du commandeur des croyants : ce fut le coup de baguette d'un génie. Devant moi le canal de la mer Noire serpentait entre des collines riantes, ainsi qu'un fleuve superbe : j'avais à droite la terre d'Asie et la ville de Scutari ; la terre d'Europe était à ma gauche ; elle formait, en se creusant, une large baie pleine de grands navires à l'ancre, et traversée par d'innombrables petits bateaux. Cette baie, renfermée entre deux coteaux, présentait en regard et en amphithéâtre Constantinople et Scutari ; les cyprès, les minarets, les mâts des vaisseaux qui s'élevaient et se confondaient de toutes parts ; la mer qui étendait sous ces objets sa nappe bleue, et le ciel qui déroulait au-dessus un autre champ d'azur : voilà ce que j'admirais. On n'exagère point quand on dit que Constantinople offre le plus beau point de vue de l'univers.

Nous abordâmes à Galata : je remarquai sur-le-champ le mouvement des quais, et la foule des porteurs, des marchands et des mariniers ; ceux-ci annonçaient par la couleur diverse de leurs visages, par la différence de leur langage, de leurs habits, de leurs robes, de leurs chapeaux, de leurs bonnets, de leurs turbans, qu'ils étaient venus de toutes les parties de l'Europe et de l'Asie habiter cette frontière des deux mondes. L'absence presque totale des femmes, le manque de voitures à roues, et les meutes de chiens sans maîtres, furent les trois caractères distinctifs qui me frappèrent d'abord dans l'intérieur de cette ville extraordinaire. Comme on ne marche guère qu'en babouches, qu'on n'entend point de bruit de carosses et de charettes, qu'il n'y a point de cloches ni presque point de métiers à marteau, le silence est continuel. Vous voyez autour de vous une foule muette qui semble vouloir passer sans être aperçue, et qui a toujours l'air de se dérober aux regards du maître. Vous arrivez sans cesse d'un bazar à un cimetière, comme si les Turcs n'étaient là que pour acheter, vendre et mourir. Les cimetières sans murs, et placés au milieu des rues, sont des bois magnifiques de cyprès ; les colombes font leurs nids dans ces cyprès et partagent la paix des morts. On découvre çà et là quelques monuments antiques qui n'ont de rapport ni avec les hommes modernes, ni avec les monuments nouveaux dont ils sont environnés : on dirait qu'ils ont été transportés dans cette ville orientale par l'effet d'un talisman. Aucun signe de joie, aucune apparence de bonheur ne se montre à vos yeux : ce qu'on voit n'est pas un peuple, mais un troupeau qu'un iman conduit et qu'un janissaire égorge.

On a tant de relations de Constantinople, que ce serait folie à moi de prétendre encore en parler. Il y a plusieurs auberges à Péra qui ressemblent à celles des autres villes de l'Europe : les porteurs qui s'emparèrent de mes bagages me conduisirent à l'une de ces auberges. Je me rendis de là au palais de France. J'avais eu l'honneur de voir à Paris M. le général Sébastiani, ambassadeur de France à la Porte : non-seulement il voulut bien exiger que je mangeasse tous les jours au palais, mais ce ne fut que sur mes instantes prières qu'il me permit de rester à l'auberge. MM. Franchini frères, premiers drogmans de l'ambassade, m'obtinrent, par l'ordre du général, les firmans nécessaires pour mon voyage de Jérusalem ; monsieur l'ambassadeur y joignit des lettres adressées au père gardien de Terre-Sainte et à nos consuls en Egypte et en Syrie. Craignant que je ne vinsse à manquer d'argent, il me permit de tirer sur lui des lettres de change à vue partout où je pourrais en avoir besoin ; enfin, joignant à ces services du premier ordre les attentions de la politesse, il voulut lui-même me faire voir

Constantinople, et il se donna la peine de m'accompagner aux monuments les plus remarquables. Messieurs ses aides-de-camp et la légation entière me comblèrent de tant de civilités que j'en étais véritablement confus : c'est un devoir pour moi de leur témoigner ici toute ma gratitude.

Il y avait dans ce moment même à Constantinople une députation des Pères de Terre-Sainte ; ils étaient venus réclamer la protection de l'ambassadeur contre la tyrannie des commandants de Jérusalem. Les Pères me donnèrent des lettres de recommandation pour Jaffa. Par un autre bonheur, le bâtiment qui portait les pèlerins grecs en Syrie se trouvait prêt à partir. Il était en rade, et il devait mettre à la voile au premier bon vent ; de sorte que, si mon voyage de la Troade avait réussi, j'aurais manqué celui de la Palestine. Le marché fut bientôt conclu avec le capitaine. Monsieur l'ambassadeur fit porter à bord les provisions les plus recherchées. Il me donna pour interprète un Grec appelé Jean, domestique de MM. Franchini. Comblé d'attentions, de vœux et de souhaits, le 18 septembre à midi je fus conduit sur le vaisseau des pèlerins.

J'étais bien aise de sortir de Constantinople. Les sentiments qu'on éprouve malgré soi dans cette ville gâtent sa beauté : quand on songe que ces campagnes n'ont été habitées autrefois que par des Grecs du Bas-Empire, et qu'elles sont occupées aujourd'hui par les Turcs, on est choqué du contraste entre les peuples et les lieux ; il semble que des esclaves aussi vils et des tyrans aussi cruels n'auraient jamais dû déshonorer un séjour aussi magnifique. J'étais arrivé à Constantinople le jour même d'une révolution : les rebelles de la Romélie s'étaient avancés jusqu'aux portes de la ville. Obligé de céder à l'orage,

Sélim avait exilé et envoyé des ministres désagréables aux janissaires : on attendait à chaque instant que le bruit du canon annonçât la chute des têtes proscrites.

Le séjour de Constantinople me pesait. Je n'aime à visiter que les lieux embellis par les vertus ou par les arts, et je ne trouvai dans cette patrie des Phocas et des Bajazet ni les unes ni les autres. Mes souhaits furent bientôt remplis, car nous levâmes l'ancre le jour même de mon embarquement, à quatre heures du soir. Nous déployâmes la voile au vent du nord, et nous voguâmes vers Jérusalem sous la bannière de la croix qui flottait aux mâts de notre vaisseau.

Nous passâmes entre Nicaria et Samos. Cette dernière île fut célèbre par sa fertilité, par ses tyrans, et surtout par la naissance de Pythagore. Le bel épisode de *Télémaque* a effacé tout ce que les poètes nous ont dit de Samos. Nous nous engageâmes dans le canal que forment les Sporades, Pathmos, Leria, Cos, etc., et les rivages de l'Asie. Là serpentait le Méandre, là s'élevaient Ephèse, Milet, Halicarnasse, Chide : Je saluais pour la dernière fois la patrie d'Homère, d'Hérodote, d'Hippocrate, de Thalès, d'Aspasie ; mais je n'apercevais ni le temple d'Ephèse, ni le tombeau de Mausole, ni la Vénus ue Cnide ; et, sans les travaux de Pococke, de Vood, de Spon, de Choiseul, je n'aurais pu, sous un nom moderne et sans gloire, reconnaître le promontoire de Mycale.

Le 25, à six heures du matin, nous jetâmes l'ancre au port de Rhodes, afin de prendre un pilote pour la côte de Syrie.

RHODES.

Il me tardait de jeter du moins un regard sur cette fameuse Rhodes où je ne devais passer qu'un moment.

Ici commençait pour moi une antiquité qui formait le passage entre l'antiquité grecque, que je quittais, et l'antiquité hébraïque, dont j'allais chercher les souvenirs. Les monuments des chevaliers de Rhodes ranimèrent ma curiosité un peu fatiguée des ruines de Sparte et d'Athènes. Des lois sages sur le commerce, quelques vers de de Pindare sur l'épouse du Soleil et la fille de Vénus (1), des poètes comiques, des peintres, des monuments plus grands que beaux, voilà, je crois, tout ce que rappelle

(1) La nymphe Rhodos.

au voyageur la Rhodes antique. Les Rhodiens étaient braves : il est assez singulier qu'ils se soient rendus célèbres dans les armes pour avoir soutenu un siége avec gloire, comme les chevaliers leurs successeurs. Rhodes, honorée de la présence de Cicéron et de Pompée, fut souillée par le séjour de Tibère. Les Perses s'emparèrent de Rhodes sous le règne d'Honorius. Elle fut prise ensuite par les généraux des califes, l'an 547 de notre ère, et reprise par Anastase, empereur d'Orient. Les Vénitiens s'y établirent en 1203 ; Jean Ducas l'enleva aux Vénitiens. Les Turcs la conquirent sur les Grecs. Les chevaliers de Saint-Jean de Jérusalem s'en saisirent en 1304, 1308 ou 1319. Ils la gardèrent à peu près deux siècles, et la rendirent à Soliman II, le 25 décembre 1522. On peut consulter sur Rhodes, Coronelli, Dapper, Savary et M. de Choiseul.

Rhodes m'offrait à chaque pas des traces de nos mœurs et des souvenirs de ma patrie. Je parcourais une longue rue, appelée encore *la rue des Chevaliers*. Elle est bordée de maisons gothiques ; les murs de ces maisons sont parsemés de devises gauloises et des armoiries de nos familles historiques. Je remarquai les lis de la France couronnés, et aussi frais que s'ils sortaient des mains du sculpteur. Les Turcs, qui ont mutilé partout les monuments de la Grèce, ont épargné ceux de la chevalerie : l'honneur chrétien a étonné la bravoure infidèle, et les Saladin ont respecté les Couci.

Au bout de la rue des Chevaliers on trouve trois arceaux gothiques qui conduisent au palais du grand-maître. Ce palais sert aujourd'hui de prison. Un couvent à demi ruiné, et desservi par deux moines, est tout ce qui rappelle à Rhodes cette religion qui y fit tant de miracles. Les Pères me conduisirent à leur chapelle. On y voit une Vierge gothique, peinte sur bois ; elle tient son enfant dans ses bras : les armes du grand-maître d'Aubusson sont gravées au bas du tableau. Cette antiquité curieuse fut découverte, il y a quelques années, par un esclave qui cultivait le jardin du couvent. Il y a dans la chapelle un second autel dédié à saint Louis, dont on retrouve l'image dans tout l'Orient, et dont j'ai vu le lit de mort à Carthage. Je laissai quelques aumônes à cet autel, en priant les Pères de dire une messe pour mon bon voyage, comme si j'avais prévu les dangers que je courais sur les côtes de Rhodes à mon retour d'Egypte.

Le port marchand de Rhodes serait assez sûr si l'on rétablissait les anciens ouvrages qui le défendaient. Au fond de ce port s'élève un mur flanqué de deux tours. Ces deux tours, selon la tradition du pays, ont remplacé les deux rochers qui servaient de base au colosse. On sait que les vaisseaux ne passent point entre les jambes de ce colosse, et je n'en parle que pour ne rien oublier.

Assez près de ce premier port se trouve la darse des galères et le chantier de construction. On y bâtissait alors une frégate de trente canons avec des sapins tirés des montagnes de l'île, ce qui m'a paru digne de remarque.

Les rivages de Rhodes, du côté de la Caramanie (la Doride et la Carie), sont à peu près au niveau de la mer; mais l'île s'élève dans l'intérieur, et l'on remarque surtout une haute montagne, aplatie à sa cime, citée par tous les géographes de l'antiquité. Il reste encore à Linde quelques vestiges du temple de Minerve. Camyre et Ialyse ont disparu. Rhodes fournissait autrefois de l'huile à toute l'Anatolie ; elle n'en a pas aujourd'hui assez pour sa propre consommation. Elle exporte encore un peu de blé. Les vignes donnent un vin très bon, qui ressemble à ceux du Rhône : les plants en ont peut-être été apportés du Dauphiné par les chevaliers de cette langue, d'autant plus qu'on appelle ces vins, comme en Chypre, *vins de Commanderie*.

Nos géographies nous disent que l'on fabrique à Rhodes des velours et des tapisseries très estimés : quelques toiles grossières, dont on fait des meubles aussi grossiers, sont, dans ce genre, le seul produit de l'industrie des Rhodiens. Ce peuple, dont les colonies fondèrent autrefois Naples et Agrigente, occupe à peine aujourd'hui un coin de son île déserte. Un aga, avec une centaine de janissaires dégénérés, suffisent pour garder un troupeau d'esclaves soumis.

On ne conçoit pas comment l'Ordre de Malte n'a jamais essayé de rentrer dans ses anciens domaines; rien n'était plus aisé que de s'emparer de l'île de Rhodes : il eût été facile aux chevaliers d'en relever les fortifications, qui sont encore assez bonnes : ils n'en auraient point été chassés de nouveau, car les Turcs, qui les premiers en Europe ouvrirent la tranchée devant une place, sont maintenant le dernier des peuples dans l'art des siéges.

Le 26 fut un jour malheureux. Le calme nous arrêta sous le continent de l'Asie, presque en face du cap Chelidonia, qui forme la pointe du golfe de Satalie. Je voyais à notre gauche les pics élevés du Cragus, et je me rappelais les vers des poètes sur la froide Lycie. Je ne savais pas que je maudirais un jour les sommets de ce Taurus que je me plaisais à regarder, et que j'aimais à compter parmi les montagnes célèbres dont j'avais aperçu la cime. Les courants étaient violents et nous portaient en dehors, comme nous le reconnûmes le jour d'après. Le vaisseau, qui était sur son lest, fatiguait beaucoup au roulis : nous cassâmes la tête du grand mât et la vergue de la seconde voile du mât de misaine. Pour des marins aussi peu expérimentés c'était un très grand malheur.

C'est véritablement une chose surprenante que de voir naviguer les Grecs. Le pilote est assis, les jambes croisées, la pipe à la bouche ; il tient la barre du gouvernail, laquelle, pour être de niveau avec la main qui la dirige, rase le plancher de la poupe. Devant ce pilote à demi couché, et qui n'a par conséquent aucune force, est une boussole qu'il ne connaît point, et qu'il ne regarde pas. A la moindre apparence de danger, on déploie sur le pont des cartes françaises et italiennes ; tout l'équipage se couche à plat ventre, le capitaine à la tête ; on examine la carte, on en suit les dessins avec le doigt ; on tâche de reconnaître l'endroit où l'on est ; chacun donne son avis : on finit par ne rien entendre à tout ce grimoire des Francs ; on reploie la carte ; on amène les voiles, ou l'on fait vent arrière : alors on reprend la pipe et le chapelet ; on se recommande à la Providence, et l'on attend l'événement. Il y a tel bâtiment qui parcourt ainsi deux ou trois cents lieues hors de sa route, et qui aborde en Afrique au lieu d'arriver en Syrie ; mais tout cela n'empêche pas l'équipage de danser au premier rayon du soleil. Les anciens Grecs n'étaient, sous plusieurs rapports, que des enfants aimables et crédules, qui passaient de la tristesse à la joie avec une extrême mobilité ; les Grecs modernes ont conservé une partie de ce caractère : heureux du moins de trouver dans leur légèreté une ressource contre leurs misères !

Notre pilote allemand nous annonça qu'au lever du jour nous apercevrions le cap Saint-Iphane, dans l'île de Chypre. On ne songea plus qu'à jouir de la vie. Tous les soupers furent apportés sur le pont ; on était divisé par groupes ; chacun envoyait à son voisin la chose qui manquait à ce voisin. J'avais adopté la famille qui logeait devant moi, à la porte de la chambre du capitaine ; elle était composée d'une femme, de deux enfants et d'un vieillard, père de la jeune pèlerine. Ce vieillard accomplissait pour la troisième fois le voyage de Jérusalem ; il n'avait jamais vu de pèlerin latin, et ce bon homme pleurait de joie en me regardant : je soupai donc avec cette famille. Je n'ai guère vu de scènes plus agréables et plus pittoresques. Le vent était frais, la mer belle, la nuit sereine. La lune avait l'air de se balancer entre les mâts et les cordages du vaisseau ; tantôt elle paraissait hors des voiles, et tout le navire était éclairé ; tantôt elle se cachait sous les voiles, et les groupes de pèlerins rentraient dans l'ombre. Qui n'aurait béni la religion, en songeant que ces deux cents hommes, si heureux en ce moment, étaient pourtant des esclaves courbés sous un joug odieux ? Ils allaient au tombeau de Jésus-Christ oublier la gloire passée de leur patrie et se consoler de leurs maux présents. Et que de douleurs ne déposeraient-ils pas bientôt à la crèche du Sauveur ! Chaque flot qui poussait le vaisseau vers le saint rivage emportait une de nos peines.

Le 28, à cinq heures du matin, à notre grande joie, nous eûmes connaissance du cap de Gatte, dans l'île de Chypre ; il nous restait au nord, à environ huit ou dix lieues. Ainsi, nous nous trouvions en dehors de l'île, et nous étions dans la vraie direction de Jaffa. Les courants nous avaient portés au large, vers le sud-ouest.

Il vaut mieux, pour l'île de Chypre, s'en tenir à la poésie qu'à l'histoire, à moins qu'on ne prenne plaisir à se rappeler une des plus criantes injustices des Romains et une expédition honteuse de Caton. Mais c'est une singulière chose à se représenter que les temples d'Amathonte et d'Idalie convertis en donjons dans le moyen-âge. Un gentilhomme français était roi de Paphos, et des barons couverts de leurs hoquetons étaient cantonnés dans les sanctuaires de Cupidon et des Grâces. On peut voir dans l'*Archipel* de Dapper toute l'histoire de Chypre : l'abbé Marili a fait connaître les révolutions modernes et l'état actuel de cette île encore importante aujourd'hui par sa position.

Le temps était si beau et l'air si doux, que tous les passagers restaient la nuit sur le pont. C'était là que je dormais le 30 septembre, à six heures du matin, lorsque je fus éveillé par un bruit confus de voix : j'ouvris les yeux, et j'aperçus les pèlerins qui regardaient vers la proue du vaisseau. Je demandai ce que c'était ; on me cria : *Signor, il Carmelo !* le Carmel ! Le vent s'était levé la veille à huit heures du soir, et dans la nuit nous étions arrivés à la vue des côtes de Syrie. Comme j'étais couché tout habillé, je fus bientôt debout, m'enquérant de la montagne sacrée. Chacun s'empressait de me la montrer de la main ; mais je n'apercevais rien, à cause du soleil qui commençait à se lever en face de nous. Ce moment avait quelque chose de religieux et d'auguste ; tous les pèlerins, le chapelet à la main, étaient restés en silence dans la même attitude, attendant l'apparition de la Terre-Sainte ; le chef des papas priait à haute voix : on n'entendait que cette prière et le bruit de la course du vaisseau, que le vent le plus favorable poussait sur une mer brillante. De temps en temps un cri s'élevait de la proue quand on revoyait le Carmel. J'aperçus enfin moi-même cette montagne comme une tâche ronde au-dessous des rayons du soleil. Je me mis alors à genoux à la manière des Latins. Je ne sentis point cette espèce de trouble que j'éprouvai en découvrant les côtes de la

Grèce : mais la vue du berceau des Israélites et de la patrie des chrétiens me remplit de crainte et de respect. J'allais descendre sur la terre des prodiges, aux sources de la plus étonnante poésie, aux lieux où même humainement parlant, s'est passé le plus grand événement qui ait jamais changé la face du monde, je veux dire la venue du Messie ; j'allais aborder à ces rives que visitèrent comme moi Godefroy de Bouillon, Raymond de Saint-Gilles, Tancrède-le-Brave, Hugues-le-Grand, Richard Cœur-de-Lion, et ce saint Louis dont les vertus furent admirées des infidèles. Obscur pèlerin, comment oserais-je fouler un sol consacré par tant de pèlerins illustres ?

A mesure que nous avancions et que le soleil montait dans le ciel, les terres se découvraient devant nous. La dernière pointe que nous apercevions au loin, à notre gauche, vers le nord, était la pointe de Tyr ; venaient ensuite le cap Blanc, Saint-Jean-d'Acre, le mont Carmel, avec Caïphe à ses pieds, Tartoura, autrefois Dora, le Château-Pèlerin, et Césarée, dont on voit les ruines. Jaffa devait être sous la proue même du vaisseau, mais on ne le distinguait point encore ; ensuite la côte s'abaissait insensiblement jusqu'à un dernier cap au midi, où elle semblait s'évanouir : là commencent les rivages de l'ancienne Palestine, qui vont rejoindre ceux de l'Egypte, et qui sont presque au niveau de la mer. La terre, dont nous pouvions être à huit ou dix lieues, paraissait généralement blanche avec des ondulations noires, produites par des ombres ; rien ne formait saillie dans la ligne oblique qu'elle traçait du nord au midi : le mont Carmel même ne se détachait point sur le plan ; tout était uniforme et mal teint. L'effet général était à peu près celui des montagnes du Bourbonnais, quand on les regarde des hauteurs de Tarrare. Une file de nuages blancs et dentelés suivait à l'horizon la direction des terres, et semblait en répéter l'aspect dans le ciel.

Le vent nous manqua vers midi ; il se leva de nouveau à quatre heures ; mais, par l'ignorance du pilote, nous dépassâmes le but. Nous voguions à pleines voiles sur Gaza, lorsque des pèlerins reconnurent, à l'inspection de la côte, la méprise de notre Allemand ; il fallut virer de bord, tout cela fit perdre du temps, et la nuit survint. Nous approchions cependant de Jaffa : on voyait même les feux de la ville, lorsque le vent du nord-ouest venant à souffler avec une nouvelle force, la peur s'empara du capitaine ; il n'osa chercher la rade de nuit : tout-à-coup il tourna la proue au large et regagna la haute mer.

J'étais appuyé sur la poupe, et je regardais avec un vrai chagrin s'éloigner la terre. Au bout d'une demi-heure j'aperçus comme la réverbération lointaine d'un incendie sur la cime d'une chaîne de montagnes : ces montagnes étaient celles de la Judée. La lune, qui produisait l'effet dont j'étais frappé, montra bientôt son disque large et rougissant au-dessus de Jérusalem. Une main secourable semblait élever ce phare au sommet de Sion pour nous guider à la cité sainte. Malheureusement nous ne suivîmes pas comme les mages l'astre salutaire, et sa clarté ne nous servit qu'à fuir le port que nous avions tant désiré.

Le lendemain, mercredi 1er octobre, au point du jour, nous nous trouvâmes affalés à la côte, presque en face de Césarée : il nous fallut remonter au midi le long de la terre. Heureusement le vent était bon, quoique faible. Dans le lointain s'élevait l'amphithéâtre des montagnes de la Judée. Du pied de ces montagnes une vaste plaine descendait jusqu'à la mer. On y voyait à peine quelques traces de culture, et pour toute habitation un château gothique en ruines, surmonté d'un minaret croulant et abandonné. Au bord de la mer, la terre se terminait par des falaises jaunes ondées de noir, qui surplombaient une grève où nous voyions et où nous entendions se briser les flots. L'Arabe, errant sur cette côte, suit d'un œil avide le vaisseau qui passe à l'horizon ; il attend la dépouille du naufragé au même bord où Jésus-Christ ordonnait de nourrir ceux qui ont faim, et de vêtir ceux qui sont nus.

A deux heures de l'après-midi nous revîmes enfin Jaffa. On nous avait aperçus de la ville. Un bateau se détacha du port et s'avança au-devant de nous. Je profitai de ce bateau pour envoyer Jean à terre. Je lui remis la lettre de recommandation que les commissaires de Terre-Sainte m'avait donnée à Constantinople, et qui était adressée aux Pères de Jaffa. J'écrivis en même temps un mot à ces Pères.

Une heure après le départ de Jean, nous vînmes jeter l'ancre devant Jaffa, la ville nous restant au sud-est, et le minaret de la mosquée à l'est quart sud-est.

Nous nous rendîmes à l'hospice des Pères, simple maison de bois bâtie sur le port, et jouissant d'une belle vue de la mer. Mes hôtes me conduisirent d'abord à la chapelle, que je trouvai illuminée, et où ils remercièrent Dieu de leur avoir envoyé un frère : touchantes institutions chrétiennes, par qui le voyageur trouve des amis et des secours dans les pays les plus barbares ; institutions dont j'ai parlé ailleurs, et qui ne seront jamais assez admirées.

Je passai une partie de la nuit à contempler cette mer de Tyr, que l'Ecriture appelle la *Grande Mer*, et qui porta les flottes du roi-prophète quand elles allaient chercher les cèdres du Liban et la pourpre de Sidon; cette mer où Léviathan laisse des traces comme des abîmes; cette mer à qui le Seigneur donna des barrières et des portes; cette mer qui vit Dieu et qui s'enfuit. Ce n'étaient là ni l'Océan sauvage du Canada, ni les flots riants de la Grèce. Au midi s'étendait l'Egypte, où le Seigneur était entré sur un nuage léger, pour sécher les canaux du Nil et renverser les idoles; au nord s'élevait la reine des cités, dont les marchands étaient des princes.

Et ce n'était pas tout encore; car la mer que je contemplais baignait, à ma droite, les campagnes de la Galilée, et, à ma gauche, la plaine d'Ascalon : dans les premières je retrouvais les traditions de la vie patriarcale et de la nativité du Sauveur; dans la seconde je rencontrais les souvenirs des Croisades et les ombres des héros de *Jérusalem*.

Jaffa s'appelait autrefois *Joppé*, ce qui signifie belle ou agréable, *pulchritudo aut decor*, dit Adrichomius. D'Anville dérive le nom actuel de Jaffa d'une forme primitive de Joppé, qui est Japho (1). Je remarquai qu'il y avait dans le pays des Hébreux une autre cité du nom de *Jaffa*, qui fut prise par les Romains : ce nom a peut-être été transporté ensuite à Joppé. S'il faut en croire les interprètes et Pline lui-même, l'origine de cette ville remonterait à une haute antiquité, puisque Joppé aurait été bâtie avant le déluge. On dit que ce fut à Joppé que Noé entra dans l'arche. Après la retraite des eaux, le pa-

(1) Je sais qu'on prononce en Syrie *Yâfa*, et M. Volney l'écrit ainsi; mais je ne sais point l'arabe : je n'ai d'ailleurs aucune autorité pour réformer l'orthographe de d'Anville et de tant d'autres savants écrivains.

triarche donna en partage à Sem, son fils aîné, toutes les terres dépendantes de la ville fondée par son troisième fils Japhet. Enfin Joppé, selon les traditions du pays, garde la sépulture du second père du genre humain.

Selon Pocoke, Shaw et peut-être d'Anville, Joppé tomba en partage à Ephraïm, et forma la partie occidentale de cette tribu, avec Ramlé et Lydda. Mais d'autres auteurs, entre autres Adrichomius, Roger, etc., placent Joppé sous la tribu de Dan. Les Grecs étendirent leurs fables jusqu'à ces rivages. Ils disaient que Joppé tirait son nom d'une fille d'Eole. Ils plaçaient dans le voisinage de cette ville l'aventure de Persée et d'Andromède. Scaurus, selon Pline, apporta de Joppé à Rome les os du monstre marin suscité par Neptune. Pausanias prétend qu'on voyait près de Joppé une fontaine où Persée lava le sang dont le monstre l'avait couvert; d'où il arriva que l'eau de cette fontaine demeura teinte d'une couleur rouge. Enfin saint Jérôme raconte que de son temps on montrait encore à Joppé le rocher et l'anneau auxquels Andromède fut attachée.

Ce fut à Joppé qu'abordèrent les flottes d'Hyram, chargées de cèdres pour le temple, et que s'embarqua le prophète Jonas lorsqu'il fuyait la face du Seigneur. Joppé tomba cinq fois entre les mains des Egyptiens, des Assyriens et des différents peuples qui firent la guerre aux Juifs avant l'arrivée des Romains en Asie. Elle devint une des onze Toparchies où l'idole Ascalem était adorée. Judas Machabée brûla cette ville, dont les habitants avaient massacré deux cents Juifs. Saint Pierre y ressuscita Tabithe, et y reçut chez Simon le corroyeur les hommes venus de Césarée. Au commencement des troubles de la Judée, Joppé fut détruite par Cestius. Des pirates en ayant relevé les murs, Vespasien la saccagea de nouveau, et mit garnison dans la citadelle.

On a vu que Joppé existait encore environ deux siècles après, du temps de saint Jérôme, qui la nomme *Japho*. Elle passa avec toute la Syrie sous le joug des Sarrasins. On la retrouve dans les historiens des Croisades. L'Anonyme qui commence la collection des *Gesta Dei per Francos*, raconte que, l'armée des Croisés étant sur les murs de Jérusalem, Godefroy de Bouillon envoya Raymond Pilet, Achard de Mommellou et Guillaume de Sabran pour garder les vaisseaux génois et pisans arrivés au port de Jaffa : *Qui fideliter custodirent homines et naves in portu Japhiæ*. Benjamen de Tolède en parle à peu près à cette époque sous le nom de *Gapha* : *Quinque abhinc leucis et Gapha, olim Japho, aliis* Joppe *dicta, ad mare sita ; ubi unus tantum Judæus, isque Lanæ inficiendæ artifex est*. Saladin reprit Jaffa sur les Croisés, et Richard-Cœur-de-Lion l'enleva à Saladin. Les Sarrasins y rentrèrent et massacrèrent les chrétiens. Mais lors du premier voyage de saint Louis en Orient, elle n'était plus au pouvoir des infidèles, car elle était tenue par Gautier de Brienne, qui prenait le titre de comte de Japhe, selon l'orthographe du sire de Joinville.

« Et quand le comte de Japhe vit que le roy venoit, il » assorta et mit son chastel de Japhe en tel point qu'il » ressemblait bien une bonne ville défensable. Car à » chascun creneau de son chastel il y avait bien cinq » cents hommes, à tout chascun une large et ung pre- » noncel à ses armes. Laquelle chose estoit fort belle à » veoir. Car ses armes estoient de fin or, à une croix de » gueules patées faicte moult richement. Nous nous lo- » geasmes aux champs tout à l'entour d'icelui chastel de » Japhe qui estoit séant rez de la mer et en une isle. Et

» fist commencer le roy à faire fermer et édifier une
» bourge tout à l'entour du chastel, dès l'une des mers
» jusques à l'autre, en ce qu'il y avait de terre. »

Ce fut à Jaffa que la reine, femme de saint Louis, accoucha d'une fille nommée *Blanche*, et saint Louis reçut dans la même ville la nouvelle de la mort de sa mère. Il se jeta à genoux et s'écria : « Je vous rends
» grâces, mon Dieu ! de ce que vous m'avez prêté ma-
» dame ma chère mère tant qu'il a plu à votre volonté;
» et de ce que maintenant, selon votre bon plaisir, vous
» l'avez retirée à vous. Il est vrai que je l'aimais sur
» toutes les créatures du monde, et elle le méritait;
» mais puisque vous me l'avez ôtée, votre nom soit béni
» éternellement. »

Jaffa, sous la domination des chrétiens, avait un évêque suffragant du siége de Césarée. Quand les chevaliers eurent été contraints d'abandonner entièrement la Terre-Sainte, Jaffa retomba, avec toute la Palestine, sous le joug des soudans d'Egypte, et ensuite sous la domination des Turcs.

Depuis cette époque jusqu'à nos jours on retrouve Joppé ou Jaffa dans tous les voyages à Jérusalem.

JÉRUSALEM. — TERRE SAINTE.

Nous arrivâmes au torrent où David enfant prit les cinq pierres dont il frappa le géant Goliath. Nous passâmes ce torrent sur un pont de pierre, le seul qu'on rencontre dans ces lieux déserts : le torrent conservait encore un peu d'eau stagnante. Après avoir passé le torrent, on découvre le village de Keriet-Lefta au bord d'un autre torrent desséché qui ressemble à un grand chemin poudreux. El Biré se montre au loin au sommet d'une haute montagne, sur la route de Nablous, Nabolos, ou Nabolosa, la Sichem du royaume d'Israël, et la Néapolis des Hérodes. Nous continuâmes à nous enfoncer dans un désert, où des figuiers sauvages clair-semés étalâient au vent du midi leurs feuilles noircies. La terre, qui jusqu'alors avait conservé quelque verdure, se dépouilla, les flancs des montagnes s'élargirent et prirent à la fois un air plus grand et plus stérile. Bientôt toute végétation cessa : les mousses même disparurent. L'amphithéâtre des montagnes se teignit d'une couleur rouge et ardente. Nous gravîmes pendant une heure ces régions attristées pour atteindre un col élevé que nous voyions devant nous. Parvenus à ce passage, nous cheminâmes pendant une autre heure sur un plateau nu, semé de pierres roulantes. Tout-à-coup, à l'extrémité de ce plateau, j'aperçus une ligne de murs gothiques flanqués de tours carrées, et derrière lesquels s'élevaient quelques pointes d'édifices. Au pied de ces murs paraissait un camp de cavalerie turque dans toute la pompe orientale. Le guide s'écria : « El Cods ! » La sainte (Jérusalem) ! et il s'enfuit au grand galop.

Vue de Jérusalem. — Je conçois maintenant ce que les historiens et les voyageurs rapportent de la surprise des croisés et des pèlerins, à la première vue de Jérusalem.

Je puis assurer que quiconque a eu comme moi la patience de lire à peu près deux cents relations modernes de la Terre-Sainte, les compilations rabbiniques, et les passages des anciens sur la Judée, ne connaît rien du tout encore. Je restai les yeux fixés sur Jérusalem, mesurant la hauteur de ses murs, recevant à la fois tous les souvenirs de l'histoire, depuis Abraham jusqu'à Godefroy de Bouillon, pensant au monde entier changé par la mission du Fils de l'Homme, et cherchant vainement ce temple dont *il ne reste pas pierre sur pierre.* Quand je vivrais mille ans, jamais je n'oublierai ce désert qui semble respirer encore la grandeur de Jéhovah, et les épouvantements de la mort.

Monastère des Franciscains. — Nous entrâmes dans Jérusalem par la porte des Pèlerins. Auprès de cette porte s'élève la tour de David, plus connue sous le nom de *la Tour des Pisans*. Nous payâmes le tribut, et nous suivîmes la rue qui se présentait devant nous : puis, tournant à gauche, entre des espèces de prisons de plâtre qu'on appelle des maisons, nous arrivâmes, à midi 22 minutes, au monastère des Pères latins. Il était envahi par les soldats d'Abdallah qui se faisaient donner tout ce qu'ils trouvaient à leur convenance.

Il faut être dans la position des Pères de Terre-Sainte pour comprendre le plaisir que leur causa mon arrivée. Ils se crurent sauvés par la présence d'un seul Français. Je remis au père Bonaventure de Nola, gardien du couvent, une lettre de M. le général Sébastiani. « Monsieur, » me dit le gardien, c'est la Providence qui vous amène. » Vous avez des firmans de route ? Permettez-nous de » les envoyer au pacha ; il saura qu'un Français est descendu au couvent ; il nous croira spécialement protégés par l'Empereur. L'année dernière il nous contraignit de payer soixante mille piastres ; d'après » l'usage, nous ne lui en devons que quatre mille, » encore à titre de simple présent. Il veut cette année » nous arracher la même somme, et il nous menace de » se porter aux dernières extrémités si nous la refusons. » Nous serons obligés de vendre les vases sacrés, car » depuis quatre ans nous ne recevons plus aucune aumône de l'Europe : si cela continue, nous nous verrons forcés d'abandonner la Terre-Sainte, et de livrer » aux mahométans le tombeau de Jésus-Christ. »

Je me trouvai trop heureux de pouvoir rendre ce léger service au gardien. Je le priai toutefois de me laisser aller au Jourdain avant d'envoyer les firmans, pour ne pas augmenter les difficultés d'un voyage toujours dangereux.

Rama. — Nous partîmes pour Bethléem, où nous devions coucher et prendre une escorte de six Arabes. Nous sortîmes de Jérusalem par la porte de Damas; puis tournant à gauche et traversant les ravins au pied du mont Sion, nous gravîmes une montagne sur le plateau de laquelle nous cheminâmes pendant une heure. Nous laissions Jérusalem au nord derrière nous; nous avions au couchant les montagnes de Judée, et, au levant, par-delà la mer Morte, les montagnes d'Arabie. Nous passâmes le couvent de Saint-Elie. On ne manque pas de faire remarquer, sous un olivier et sur un rocher au bord du chemin, l'endroit où ce prophète se reposait lorsqu'il allait à Jérusalem. A une lieue plus loin, nous entrâmes dans le champ de Rama, où l'on trouve le tombeau de Rachel. C'est un édifice carré, surmonté d'un petit dôme: il jouit des priviléges d'une mosquée; les Turcs, ainsi que les Arabes, honorent les familles des patriarches. Les traditions des chrétiens s'accordent à placer le sépulcre de Rachel dans ce lieu.

Nous aperçûmes dans la montagne (car la nuit était venue) les lumières du village de Rama. Le silence était profond autour de nous.

Nous arrivâmes par un chemin étroit et scabreux à Bethléem.

Bethléem. — Bethléem reçut son nom d'Abraham, et Bethléem signifie la *Maison de Pain*. Elle fut surnommée *Ephrata* (fructueuse), du nom de la femme de Caleb, pour la distinguer d'une autre Bethléem de la tribu de Zabulon. Elle appartenait à la tribu de Juda ; elle porta aussi le nom de *Cité de David ;* elle était la patrie de ce monarque, et il y garda les troupeaux dans son enfance. Abissan, septième juge d'Israël, Elimelech, Obed, Jessé et Booz naquirent comme David à Bethléem ; et c'est là qu'il faut placer l'admirable éloge de Ruth. Saint Mathias, apôtre, eut aussi le bonheur de recevoir le jour dans la cité où le Messie vint au monde.

Les premiers fidèles avaient élevé un oratoire sur la crèche du Sauveur. Adrien le fit renverser pour y placer une statue d'Adonis. Sainte Hélène détruisit l'idole, et bâtit au même lieu une église dont l'architecture se mêle aujourd'hui aux différentes parties ajoutées par les princes chrétiens. Tout le monde sait que saint Jérôme se retira à Bethléem. Bethléem, conquise par les Croisés, retomba avec Jérusalem sous le joug infidèle ; mais elle a toujours été l'objet de la vénération des pèlerins. De saints religieux, se dévouant à un martyr perpétuel, l'ont gardée pendant sept siècles. Je n'ai point remarqué dans la vallée de Bethléem la fécondité qu'on lui attribue : il est vrai que, sous le gouvernement turc, le terrain le plus fertile devient désert en peu d'années.

Le 5 octobre, à quatre heures du matin, je commençai la revue des monuments de Bethléem. Quoique ces monuments aient été souvent décrits, le sujet par lui-même est si intéressant, que je ne puis me dispenser d'entrer dans quelques détails.

Le couvent de Bethléem tient à l'église par une cour fermée de hautes murailles. Nous traversâmes cette cour, et une petite porte latérale nous donna passage dans l'église. Cette église est certainement d'une haute antiquité ; et, quoique souvent détruite et souvent réparée, elle conserve les marques de son origine grecque. Sa forme est celle d'une croix. La longue nef, ou, si l'on veut, le pied de la croix, est ornée de quarante-huit colonnes d'ordre corinthiens, placés sur quatre lignes. Ces colonnes ont deux pieds six pouces de diamètre par la base, et dix-huit pieds de hauteur, y compris la base et le chapiteau. Comme la voûte de cette nef manque, les colonnes ne portent rien qu'une frise de bois qui remplace l'architrave et tient lieu de l'entablement entier. Une charpente à jour prend sa naissance au haut des murs et s'élève en dôme pour porter un toit qui n'existe plus, ou qui n'a jamais été achevé. On dit que cette charpente est de bois de cèdre, mais c'est une erreur. Les murs sont percés de grandes fenêtres : ils étaient ornés autrefois de tableaux en mosaïques et de passages de l'Evangile, écrits en caractères grecs et latins : on en voit encore des traces.

Les restes des mosaïques que l'on aperçoit çà et là, et quelques tableaux peints sur bois, sont intéressants pour l'histoire de l'art : ils présentent en général des figures de face, droites, roides, sans mouvement et sans ombre ; mais l'effet en est majestueux, et le caractère noble et sévère.

La secte chrétienne des Arméniens est en possession de la nef que je viens de décrire. Cette nef est séparée des trois autres branches de la croix par un mur, de sorte que l'église n'a plus d'unité. Quand vous avez passé ce mur, vous vous trouvez en face du sanctuaire ou du chœur qui occupe le haut de la croix. Ce chœur est élevé de trois degrés au-dessus de la nef. On y voit un autel dédié aux mages. Sur le pavé, au bas de cet autel, on remarque une étoile de marbre : la tradition veut que cette étoile corresponde au point du ciel où s'arrêta l'étoile miraculeuse qui conduisit les trois rois. Ce qu'il y a de certain, c'est que l'endroit où naquit le Sauveur du monde se trouve perpendiculairement au-dessous de cette étoile de marbre, dans l'église souterraine de la Crèche. Je parlerai de celle-ci dans un moment. Les Grecs occupent le sanctuaire des Mages, ainsi que les deux autres nefs formées par les deux extrémités de la traverse de la croix. Ces deux dernières nefs sont vides et sans autels.

Deux escaliers tournants, composés chacun de quinze degrés, s'ouvrent aux deux côtés du chœur de l'église extérieure, et descendent à l'église souterraine placée sous ce chœur. Celle-ci est le lieu à jamais révéré de la nativité du Sauveur. Avant d'y entrer le supérieur me mit un cierge à la main et me fit une courte exhortation. Cette sainte grotte est irrégulière, parce qu'elle occupe l'emplacement irrégulier de l'étable et de la crèche. Elle a trente sept pieds et demi de long, onze pieds trois pouces de large, et neuf pieds de haut. Elle est taillée dans le roc : les parois de ce roc sont revêtues de marbre, et le pavé de la grotte est également d'un marbre précieux. Ces embellissements sont attribués à sainte Hélène. L'église ne tire aucun jour du dehors, et n'est éclairée que par la lumière de trente-deux lampes envoyées par différents princes chrétiens. Tout au fond de la grotte, du côté de l'orient, est la place où la Vierge enfanta le Rédempteur des hommes. Cette place est marquée par un marbre blanc incrusté de jaspe et entouré d'un cercle d'argent radié en forme de soleil. On lit ces mots à l'entour :

HIC DE VIRGINE MARIA
JESUS CHRISTUS NATUS EST

Une table de marbre, qui sert d'autel, est appuyée contre le rocher, et s'élève au-dessus de l'endroit où le Messie vint à la lumière. Cet autel est éclairé par trois lampes, dont la plus belle a été donnée par Louis XIII.

A sept pas de là, vers le midi, après avoir passé l'entrée d'un des escaliers qui monte à l'église supérieure, vous trouvez la crèche. On y descend par deux degrés, car elle n'est pas de niveau avec le reste de la grotte. C'est une voûte peu élevée, enfoncée dans le rocher. Un bloc de marbre blanc, exhaussé d'un pied au-dessus du sol, et creusé en forme de berceau, indique l'endroit même où le souverain du ciel fut couché sur la paille.

« Joseph partit aussi de la ville de Nazareth qui est » en Galilée, et vint en Judée à la ville de David, appe- » lée *Bethléem*, parce qu'il était de la maison et de la » famille de David. . . . .

Rien n'est plus agréable et plus dévôt que cette église souterraine. Elle est enrichie de tableaux des écoles italienne et espagnole. Ces tableaux représentent les mystères de ces lieux, des Vierges et des Enfants d'après

Raphaël, des Annonciations, l'Adoration des Mages, la Venue des Pasteurs, et tous ces miracles mêlés de grandeur et d'innocence. Les ornements ordinaires de la crèche sont de satin bleu brodé en argent. L'encens fume sans cesse devant le berceau du Sauveur. J'ai entendu un orgue, fort bien touché, jouer à la messe les airs les plus doux et les plus tendres des meilleurs compositeurs d'Italie. Ces concerts charment l'Arabe chrétien qui, laissant paître ses chameaux, vient comme les antiques bergers de Bethléem, adorer le roi des rois dans sa crèche. J'ai vu cet habitant du désert communier à l'autel des Mages avec une ferveur, une piété, une religion inconnues des chrétiens de l'Occident. « Nul endroit dans » l'univers, dit le père Néret, n'inspire plus de dévo- » tion... L'abord continuel des caravanes de toutes les » nations chrétiennes... les prières publiques ; les pros- » ternations... la richesse même des présents que les » chrétiens y ont envoyés... tout cela excite en votre » âme des choses qui se font sentir beaucoup mieux » qu'on ne peut les exprimer. »

Ajoutons qu'un contraste extraordinaire rend encore ces choses plus frappantes ; car en sortant de la grotte où vous avez retrouvé la richesse, les arts, la religion des peuples civilisés, vous êtes transporté dans une solitude profonde, au milieu des masures arabes, parmi des sauvages demi-nus et des musulmans sans foi. Ces lieux sont pourtant ceux-là même où s'opérèrent tant de merveilles ; mais cette terre sainte n'ose plus faire éclater au dehors son allégresse, et les souvenirs de sa gloire sont renfermés dans son sein.

Nous descendîmes de la grotte de la Nativité dans la chapelle souterraine où la tradition place la sépulture des Innocents : « Hérode envoya tuer à Bethléem, et en tout

» le pays d'alentour, tous les enfants âgés de deux ans
» et au-dessous : alors s'accomplit ce qui avait été dit
» par le prophète Jérémie : *Vox in Rama audita est.* »

La chapelle des Innocents nous conduisit à la grotte de saint Jérôme : on y voit le sépulcre de ce docteur de l'Eglise, celui de sainte Eusèbe, et les tombeaux de saint Paul et de sainte Eustochie.

Saint Jérôme passa la plus grande partie de sa vie dans cette grotte. C'est de là qu'il vit la chute de l'empire romain ; ce fut là qu'il reçut ces patriciens fugitifs qui, après avoir possédé les palais de la terre, s'estimèrent heureux de partager la cellule d'un cénobite. La paix du saint et les troubles du monde font un merveilleux effet dans les lettres du savant interprète de l'Ecriture.

Sainte Paule et sainte Eustochie, sa fille, étaient deux grandes dames romaines de la famille des Gracques et des Scipions. Elles quittèrent les délices de Rome pour venir vivre et mourir à Bethléem dans la pratique des vertus monastiques. Leur épitaphe, faite par saint Jérôme, est trop connue pour que je la rapporte ici.

Scipio, quam genuit, etc.

On voit dans l'oratoire de saint Jérôme un tableau où ce saint conserve l'air de tête qu'il a pris sous le pinceau du Carrache et du Dominiquin. Un autre tableau offre des images de Paule et d'Eustochie. Ces deux héritières de Scipion sont représentées mortes et couchées dans le même cercueil. Par une idée touchante, le peintre a donné aux deux saintes une ressemblance parfaite ; on distingue seulement la fille de la mère à sa jeunesse et à son voile blanc : l'une a marché plus longtemps et l'autre vite dans la vie ; et elles sont arrivées au port au même moment.

Dans les nombreux tableaux que l'on voit aux lieux saints, et qu'aucun voyageur n'a décrits, j'ai cru quelquefois reconnaître la touche mystique et le ton inspiré de Murillo : il serait assez singulier qu'un grand maître eût à la crèche ou au tombeau du Sauveur quelque chef d'œuvre inconnu.

Nous remontâmes au couvent. J'examinai la campagne du haut d'une terrasse. Bethléem est bâtie sur un monticule qui domine une longue vallée. Cette vallée s'étend de l'est à l'ouest : la colline du midi est couverte d'oliviers clair-semés sur un terrain rougeâtre, hérissé de cailloux ; la colline du nord porte des figuiers sur un sol semblable à celui de l'autre colline. On découvro çà et là quelques ruines, entre autres les débris d'une tour qu'on appelle la *Tour de Sainte-Paule.* Je rentrai dans le monastère, qui doit une partie de sa richesse à Baudoin, roi de Jérusalem, et successeur de Godefroy de Bouillon : c'est une véritable forteresse, et ses murs sont si épais qu'ils soutiendraient aisément un siége contre les Turcs.

L'escorte arabe étant arrivée, je me préparai à partir pour la mer Morte. En déjeunant avec les religieux, qui formaient un cercle autour de moi, ils m'apprirent qu'il y avait au couvent un Père, Français de nation. On l'envoya chercher : il vint les yeux baissés, les deux mains dans ses manches, marchant d'un air sérieux ; il me donna un salut froid et court. Je n'ai jamais entendu chez l'étranger le son d'une voix française sans être ému.

Je fis quelques questions à ce religieux. Il me dit qu'il s'appelait le *Père Clément ;* qu'il était des environs de

Mayenne; que, se trouvant daus un monastère en Bretagne, il avait été déporté en Espagne avec une centaine de prêtres comme lui; qu'ayant reçu l'hospitalité dans un couvent de son ordre, ses supérieurs l'avaient ensuite envoyé missionnaire en Terre-Sainte. Je lui demandai s'il voulait écrire à sa famille. Voici sa réponse mot pour mot : « Qui est-ce qui se souvient encore de moi en » France? Sais-je si j'ai encore des frères et des sœurs? » J'espère obtenir par le mérite de la crèche du Sauveur » la force de mourir ici, sans importuner personne, et » sans songer à un pays où je suis oublié. »

Le Père Clément fut obligé de se retirer : ma présence avait réveillé dans son cœur des sentiments qu'il cherchait à éteindre.

A dix heures du matin nous montâmes à cheval, et nous sortîmes de Bethléem. Nous prîmes la route du monastère de Saint-Saba, d'où nous devions ensuite descendre à la mer Morte et revenir par le Jourdain.

Nous suivîmes d'abord le vallon de Bethléem, qui s'étend au levant, comme je l'ai dit. Nous passâmes une croupe de montagnes où l'on voit sur la droite une vigne nouvellement plantée, chose assez rare dans le pays pour que je l'aie remarqué. Nous arrivâmes à une grotte appelée la *Grotte des Pasteurs*. Les Arabes l'appellent encore *Dta el Natour*, le Village des Bergers. On prétend qu'Abraham faisait paître ses troupeaux dans ce lieu, et que les bergers de Judée furent avertis dans ce même lieu de la naissance du Sauveur.

« Or, il y avait aux environs des bergers qui passaient » la nuit dans les champs, veillant tour à tour à la garde » de leurs troupeaux. . . . .»

La piété des fidèles a transformé cette grotte en une chapelle. Elle devait être autrefois très ornée : j'y ai remarqué trois chapiteaux d'ordre corinthien, et deux autres d'ordre ionique. La découverte de ces derniers était une véritable merveille ; car on ne trouve plus guère après le siècle d'Hélène que l'éternel corinthien.

En sortant de cette grotte, et marchant toujours à l'orient, une pointe de compas au midi, nous quittâmes les montagnes Rouges pour entrer dans une chaîne de montagnes blanchâtres. Nos chevaux enfonçaient dans une terre molle et crayeuse, formée des débris d'une roche calcaire. Cette terre était si horriblement dépouillée qu'elle n'avait pas même une écorce de mousse. On voyait seulement croître çà et là quelques touffes de plantes épineuses aussi pâles que le sol qui les produit, et qui semblent couvertes de poussière comme les arbres de nos grands chemins pendant l'été.

Couvent de Saint-Saba. — En tournant une des croupes de ces montagnes, nous découvrîmes la cime de deux hautes tours qui s'élevaient dans une vallée profonde. C'était le couvent de Saint-Sabà. Il est bâti dans la ravine même du torrent de Cédron, qui peut avoir trois ou quatre cents pieds de profondeur dans cet endroit. Ce torrent est à sec et ne roule qu'au printemps une eau fangeuse et rougie. L'église occupe une petite éminence dans le fond du lit. De là les bâtiments du monastère s'élèvent par des escaliers perpendiculaires et des passages creusés dans le roc, sur le flanc de la ravine, et parviennent ainsi jusqu'à la croupe de la montagne, où ils se terminent par deux tours carrées. L'une de ces tours est hors du convent; elle servait autrefois de poste avancé pour surveiller les Arabes. Du haut de ces tours on découvre les sommets stériles des montagnes de Judée;

au-dessous de soi, l'œil plonge dans le ravin desséché du torrent de Cédron, où l'on voit des grottes qu'habitèrent jadis les premiers anachorètes. Des colombes bleues nichent aujourd'hui dans ces grottes, comme pour rappeler, par leurs gémissements, leur innocence et leur douceur, les saints qui peuplaient autrefois ces rochers. Je ne dois point oublier un palmier qui croît dans un mur sur une des terrasses du couvent; je suis persuadé que tous les voyageurs le remarqueront comme moi : il faut être environné d'une stérilité aussi affreuse pour sentir le prix d'une touffe de verdure.

Quant à la partie historique du couvent de Saint-Saba, le lecteur peut avoir recours à la *Vie des Pères du Désert*. On montre aujourd'hui dans ce monastère trois ou quatre mille têtes de morts, qui sont celles des religieux massacrés par les infidèles. Les moines me laissèrent un quart d'heure tout seul avec ces reliques : ils semblaient avoir deviné que mon dessein était de peindre un jour la situation de l'âme des solitaires de la Thébaïde.

Nous quittâmes le couvent à trois heures de l'après-midi; nous remontâmes le torrent de Cédron; ensuite, traversant la ravine, nous reprîmes notre route au levant. Nous découvrîmes Jérusalem par une ouverture de montagnes. Je ne savais trop ce que j'apercevais; je croyais voir un amas de rochers brisés : l'apparition subite de cette cité des désolations au milieu d'une solitude désolée avait quelque chose d'effrayant; c'était véritablement la reine du désert.

Le Jourdain et la mer Morte. Nous avancions : l'aspect des montagnes était toujours le même, c'est-à-dire blanc, poudreux, sans ombre, sans arbre, sans herbe et sans mousse. A quatre heures et demie, nous descendîmes de la haute chaîne de ces montagnes sur une chaîne moins élevée. Nous cheminâmes pendant cinquante minutes sur un plateau assez égal. Nous parvînmes enfin au dernier rang des monts qui bordent à l'occident la vallée du Jourdain et les eaux de la mer Morte. Le soleil était près de se coucher : nous mîmes pied à terre pour laisser reposer les chevaux, et je contemplai à loisir le lac, la vallée et le fleuve.

Quand on parle d'une vallée, on se représente une vallée cultivée ou inculte : cultivée, elle est couverte de moissons, de vignes, de villages, de troupeaux ; inculte, elle offre des herbages ou des forêts ; si elle est arrosée par un fleuve, ce fleuve a des replis ; les collines qui forment cette vallée ont elles-mêmes des sinuosités dont les perspectives attirent agréablement les regards.

Ici, rien de tout cela : qu'on se figure deux longues chaînes de montagnes courant parallèlement du septentrion au midi, sans détours, sans sinuosité. La chaîne du levant, appelée *Montagne d'Arabie*, est la plus élevée ; vue à la distance de huit à dix lieues, on dirait un grand mur perpendiculaire tout-à-fait semblable au Jura par sa forme et par sa couleur azurée : on ne distingue pas un sommet, pas la moindre cime ; seulement on aperçoit çà et là de légères inflexions, comme si la main du peintre qui a tracé cette ligne horizontale sur le ciel eût tremblé dans quelques endroits.

La chaîne du couchant appartient aux montagnes de Judée. Moins élevée et plus inégale que la chaîne de l'est, elle en diffère encore par sa nature : elle présente de grands monceaux de craie et de sable qui imitent la forme de faisceaux d'armes, de drapeaux ployés, ou de tentes d'un camp assis au bord d'une plaine. Du côté de l'Arabie, ce sont au contraire de noirs rochers à pic qui répandent au loin leur ombre sur les eaux de la mer

Morte. Le plus petit oiseau du ciel ne trouverait pas dans ces rochers un brin d'herbe pour se nourrir ; tout annonce la patrie d'un peuple réprouvé.

La vallée comprise entre ces deux chaînes de montagnes offre un sol semblable au fond d'une mer depuis longtemps retirée ; des plages de sel, une vase desséchée, des sables mouvants et comme sillonnés par les flots. Çà et là des arbustes chétifs croissent péniblement sur cette terre privée de vie ; leurs feuilles sont couvertes du sel qui les a nourris, et leur écorce a le goût et l'odeur de la fumée. Au lieu de villages, on aperçoit les ruines de quelques tours. Au milieu de la vallée passe un fleuve décoloré ; il se traîne à regret vers le lac empesté qui l'engloutit. On ne distingue son cours au milieu de l'arène que par les saules et les roseaux qui le bordent : l'Arabe se cache dans ces roseaux pour attaquer le voyageur et dépouiller le pèlerin.

Tels sont ces lieux fameux par les bénédictions et par les malédictions du ciel : ce fleuve est le Jourdain ; ce lac est la mer Morte ; elle paraît brillante, mais les villes coupables qu'elle cache dans son sein semblent avoir empoisonné ses flots. Ses abîmes solitaires ne peuvent nourrir aucun être vivant ; jamais vaisseau n'a pressé ses ondes ; ses grèves sont sans oiseaux, sans arbres, sans verdure ; et son eau, d'une amertume affreuse, est si pesante, que les vents les plus impétueux peuvent à peine la soulever.

Quand on voyage dans la Judée, d'abord un grand ennui saisit le cœur ; mais lorsque, passant de solitude en solitude, l'espace s'étend sans bornes devant vous, peu à peu l'ennui se dissipe, on éprouve une terreur secrète qui, loin d'abaisser l'âme, donne du courage et élève le génie. Des aspects extraordinaires décèlent de toutes parts une terre travaillée par des miracles : le soleil brûlant, l'aigle impétueux, le figuier stérile, toute la poésie, tous les tableaux de l'Ecriture sont là. Chaque nom renferme un mystère ; chaque grotte déclare l'avenir ; chaque sommet retentit des accents d'un prophète. Dieu même a parlé sur ces bords : les torrents desséchés, les rochers fendus, les tombeaux entr'ouverts, attestent le prodige ; le désert paraît encore muet de terreur, et l'on dirait qu'il n'a osé rompre le silence depuis qu'il a entendu la voix de l'Eternel.

Nous descendîmes de la croupe de la montagne afin d'aller passer la nuit au bord de la mer Morte, pour remonter ensuite au Jourdain.

Le lac fameux qui occupe l'emplacement de Sodome et de Gomorrhe est nommé *mer Morte* ou *mer Salée* dans l'Ecriture ; *Asphaltite* par les Grecs et les Latins ; *Almotanah* et *Bahar-Loth* par les Arabes ; *Ula-Degnisi* par les Turcs. Je ne puis être du sentiment de ceux qui supposent que la mer Morte n'est que le cratère d'un volcan. J'ai vu le Vésuve, la Solfatare, le Monte-Nuovo dans le lac Fusin, le Pic-des-Açores, le Mamelife vis-à-vis de Carthage, les volcans éteints d'Auvergne ; j'ai partout remarqué les mêmes caractères, c'est-à-dire des montagnes creusées en entonnoir, des laves et des cendres où l'action du feu ne se peut méconnaître. La mer Morte, au contraire, est un lac assez long, courbé en arc, encaissé entre deux chaînes de montagnes, qui n'ont entre elles aucune cohérence de forme, aucune homogénéité de sol. Elles ne se rejoignent point aux deux extrémités du lac : elles continuent, d'un côté, à border la vallée du Jourdain en se rapprochant vers le nord jusqu'au lac de Tibériade ; et de l'autre, elles vont, en s'écartant, se perdre au midi dans les sables de l'Yémen. Il est vrai qu'on trouve du bitume, des eaux chaudes et des pierres phosphoriques dans la chaîne des montagnes d'Arabie ; mais je n'en ai point vu dans la chaîne opposée. D'ailleurs la présence des eaux thermales, du soufre et de l'asphalte ne suffit point pour attester l'existence antérieure d'un volcan. C'est dire assez que, quant aux villes abîmées, je m'en tiens au sens de l'Ecriture sans appeler la physique à mon secours. D'ailleurs, en adoptant l'idée du professeur Michaëlis et du savant Busching dans son *Mémoire sur la mer Morte*, la physique peut encore être admise dans la catastrophe des villes coupables sans blesser la religion. Sodome était bâtie sur une carièrre de bitume, comme on le sait par le témoignage de Moïse et de Joseph, qui parlent des puits de bitume de la vallée de Siddim. La foudre alluma ce gouffre, et les villes s'enfonçèrent dans l'incendie souterrain.

Strabon parle de treize villes englouties dans le lac Asphalite ; Etienne de Byzance en compte huit ; la *Genèse* en place cinq *in valle silvestri*, Sodome, Gomorrhe, Adam, Seboim, et Bala ou Ségor ; mais elle ne marque que les deux premières comme détruites par la colère de Dieu ; le *Deutéronome* en cite quatre : Sodome, Gomorrhe, Adam et Seboim ; la *Sagesse* en compte cinq sans les désigner : *descendente igne in Pentapolim*.

Il n'y a presque point de lecteur qui n'ait entendu parler du fameux arbre de Sodome : cet arbre doit porter une pomme agréable à l'œil, mais amère au goût et pleine de cendres.

J'employai deux heures entières (5 octobre) à errer au

bord de la mer Morte, malgré les Betléémites qui me pressaient de quitter cet endroit dangereux. Je voulais voir le Jourdain à l'endroit où il se jette dans le lac.

J'avais vu les grands fleuves de l'Amérique avec ce plaisir qu'inspire la solitude et la nature ; j'avais visité le Tibre avec empressement, et recherché avec le même intérêt l'Eurotas et le Céphise ; mais je ne puis dire ce que j'éprouvai à la vue du Jourdain. Non-seulement ce fleuve me rappelait une antiquité fameuse et un des plus beaux noms que jamais la plus belle poésie ait confiés à la mémoire des hommes, mais ces rives m'offraient encore le théâtre des miracles de ma religion. La Judée est le seul pays de la terre qui retrace au voyageur le souvenir des affaires humaines et des choses du ciel, et qui fasse naître au fond de l'âme, par ce mélange, un sentiment et des pensées qu'aucun autre lieu ne peut inspirer.

Le Jourdain est un fleuve sacré pour les Turcs et les Arabes, qui conservent plusieurs traditions hébraïques et chrétiennes, les unes dérivées d'Ismaël, dont les Arabes habitent encore le pays, les autres introduites chez les Turcs à travers les fables du Coran.

A environ deux lieues de l'endroit où nous étions arrêtés, j'aperçus plus haut, sur le cours du fleuve, un bocage d'une grande étendue. Je voulus le visiter, car je calculai que c'était à peu près là, en face de Jéricho, que les Israélites passèrent le fleuve, que la manne cessa de tomber, que les Hébreux goûtèrent les premiers fruits de la terre promise, que Naaman fut guéri de la lèpre, et qu'enfin Jésus-Christ reçut le baptême de la main de saint Jean-Baptiste. Nous marchâmes vers cet endroit pendant quelque temps, puis nous revînmes au Jourdain, qu'un détour avait éloigné de nous sur la droite. Je lui trouvai la même largeur et la même profondeur qu'à une lieue plus bas, c'est-à-dire six à sept pieds de profondeur sous la rive, et à peu près cinquante pas de largeur.

Jéricho. — Après avoir achevé de prendre les notes qui me parurent les plus importantes, je saluai pour la dernière fois le Jourdain ; je pris une bouteille de son eau et quelques roseaux de sa rive. Nous commençâmes à nous éloigner pour gagner le village du Lihha, l'ancienne Jéricho, sous la montagne de Judée.

L'abbé Mariti a très bien recueilli les faits historiques touchant cette ville célèbre ; il a aussi parlé des productions de Jéricho, de la manière d'extraire l'huile de zaccon, etc : il serait donc inutile de le répéter, à moins de faire, comme tant d'autres, un Voyage avec des Voyages. On sait aussi que les environs de Jéricho sont ornés d'une source dont les eaux autrefois amères furent adoucies par un miracle d'Elisée. Cette source est située à deux milles au-dessus de la ville, au pied de la montagne où Jésus-Christ pria et jeûna pendant quarante jours. Elle se divise en deux bras. On voit sur ses bords quelques champs de doura, des groupes d'accacias, l'arbre qui donne le baume de Judée, et des arbustes qui ressemblent au lilas par la feuille, mais dont je n'ai pas vu la fleur. Il n'y a plus de roses ni de palmiers à Jéricho, et je n'ai pu y manger les nicolaï d'Auguste : ces dattes, au temps de Belon, étaient fort dégénérées. Un vieil accacia protége la source ; un autre arbre se penche un peu plus bas sur le ruisseau qui sort de cette source, et forme sur ce ruisseau un pont naturel.

Nous quittâmes la source d'Élisée le 6, à trois heures

de l'après-midi, pour retourner à Jérusalem. Nous laissâmes à droite le mont de la *Quarantaine,* qui s'élève au-dessus de Jéricho, précisément en face du mont Abarim, d'où Moïse, avant de mourir, aperçut la terre de Promission. En rentrant dans la montagne de Judée, nous vîmes les restes d'un aqueduc romain. L'abbé Maritimi, poursuivi par le souvenir des moines, veut encore que cet aqueduc ait servi à arroser les terres voisines lorsqu'on cultivait la canne à sucre dans la plaine de Jéricho. Si la seule inspection de l'ouvrage ne suffisait pas pour détruire cette idée bizarre, on pourrait consulter Adrichomius (*Theatrum Terræ-Sanctæ*), l'*Elucidatio historica Terræ-Sanctæ* de Quaresmius, et la plupart des voyageurs déjà cités. Le chemin que nous suivions dans la montagne était large et quelquefois pavé ; c'est peut-être une ancienne voie romaine. Nous passâmes au pied d'une montagne couronnée autrefois par un château gothique qui protégeait et fermait le chemin. Après cette montagne, nous descendîmes dans une vallée noire et profonde, appelée en hébreu *Adommim* ou *le lieu du sang*. Il y avait là une petite cité de la tribu de Juda, et ce fut dans cet endroit solitaire que le Samaritain secourut le voyageur blessé.

Nous passâmes à Bahurin, où David, fuyant devant Absalon, faillit d'être lapidé par Semei. Un peu plus loin, nous mîmes pied à terre à la fontaine où Jésus-Christ avait coutume de se reposer avec les apôtres en revenant de Jéricho. Nous commençâmes à gravir les revers de la montagne des Oliviers ; nous traversâmes le village de Béthanie, où l'on montre les ruines de la maison de Marthe et le sépulcre de Lazare. Ensuite nous descendîmes la montagne des Oliviers, qui domine Jérusalem, et nous traversâmes le torrent de Cédron dans la vallée de

Josaphat. Un sentier qui circule au pied du Temple, et s'élève sur le mont Sion, nous conduisit à la porte des Pèlerins, en faisant le tour entier de la ville.

Eglise du Saint-Sépulcre. — L'église du Saint-Sépulcre se compose de trois églises : celle du Saint-Sépulcre, celle du Calvaire et celle de l'Invention de la Sainte-Croix.

L'église proprement dite du Saint-Sépulcre est bâtie dans la vallée du mont Calvaire, et sur le terrain où l'on sait que Jésus-Christ fut enseveli. Cette église forme une croix ; la chapelle même du Saint-Sépulcre n'est en effet que la grande nef de l'édifice : elle est circulaire comme le Panthéon à Rome, et ne reçoit le jour que par un dôme au-dessous duquel se trouve le Saint-Sépulcre. Seize colonnes de marbre ornent le pourtour de cette rotonde ; elles soutiennent, en décrivant dix-sept arcades, une galerie supérieure, également composée de seize colonnes et de dix-sept arcades qui les portent. Des niches correspondantes aux arcades s'élèvent au-dessus de la frise de la dernière galerie, et le dôme prend sa naissance sur l'arc de ces niches. Celles-ci étaient autrefois décorées de mosaïques représentant les douze apôtres, sainte Hélène, l'empereur Constantin, et trois autres portraits inconnus.

Le chœur de l'église du Saint-Sépulcre est à l'orient de la nef du tombeau : il est double comme dans les anciennes basiliques, c'est-à-dire qu'il a d'abord une enceinte avec des stalles pour les prêtres, ensuite un sanctuaire reculé et élevé de deux degrés au-dessus du premier. Autour de ce double sanctuaire règnent les ailes du chœur, et dans ces ailes sont placées les chapelles décrites par Deshayes.

C'est aussi dans l'aile droite, derrière le chœur, que s'ouvrent les deux escaliers qui conduisent, l'un à l'église de l'Invention de la Sainte-Croix : le premier monte à la cime du Calvaire ; le second descend sous le Calvaire même ; en effet la croix fut élevée sur le sommet du Golgotha, et retrouvée sous cette montagne. Ainsi, pour nous résumer, l'église du Saint-Sépulcre est bâtie au pied du Calvaire : elle touche par sa partie orientale à ce monticule sous lequel et sur lequel on a bâti deux autres églises, qui tiennent par des murailles et des escaliers voûtés au principal monument.

L'architecture de l'église est évidemment du siècle de Constantin : l'ordre corinthien domine partout. Les piliers sont lourds ou maigres, et leur diamètre est presque toujours sans proportion avec leur hauteur. Quelques colonnes accouplées qui portent la frise du chœur sont toutefois d'un assez bon style. L'église étant haute et développée, les corniches se profilent à l'œil avec assez de grandeur ; mais comme depuis environ soixante ans on a surbaissé l'arcade qui sépare le chœur de la nef, le rayon horizontal est brisé, et l'on ne jouit plus de l'ensemble de la voûte.

L'église n'a point de péristyle : on entre par deux portes latérales ; il n'y en a plus qu'une d'ouverte. Ainsi le monument ne paraît pas avoir eu de décorations extérieures. Il est masqué d'ailleurs par les masures et par les couvents grecs qui sont accolés aux murailles.

Le petit monument de marbre qui couvre le Saint-Sépulcre a la forme d'un catafalque orné d'arceaux demi-gothiques engagés dans les côtes-pleins de ce catafalque : il s'élève élégamment sous le dôme qui l'éclaire, mais il est gâté par une chapelle massive que les Arméniens ont obtenu la permission de bâtir à l'une de ses extrémités. L'intérieur du catafalque offre un tombeau de marbre blanc fort simple, appuyé d'un côté au mur du monument, et servant d'autel aux religieux catholiques : c'est le tombeau de Jésus-Christ.

La fondation de l'église du Saint-Sépulcre remonte au règne de Constantin : il nous reste de ce prince, qui ordonne à Macaire, évêque de Jérusalem, d'élever une église sur le lieu où s'accomplit le grand mystère du salut.

Cette église fut ravagée par Cosroës II, roi de Perse, environ trois siècles après qu'elle eut été bâtie par Constantin. Héraclius reconquit la vraie Croix, et Modeste, évêque de Jérusalem, rétablit l'église du Saint-Sépulcre. Quelque temps après, le calife Omar s'empara de Jérusalem, mais il laissa aux chrétiens le libre exercice de leur culte. Vers l'an 1009, Hequem ou Hakem, qui régnait en Egypte, porta la désolation au tombeau de Jésus-Christ. Les uns veulent que la mère de ce prince, qui était chrétienne, ait fait encore relever les murs de l'église abattue ; les autres disent que le fils du calife d'Egypte, à la sollicitation de l'empereur Argyropile, permit aux fidèles d'enfermer les Saints Lieux dans un monument nouveau. Mais comme à l'époque du règne de Hakem les chrétiens de Jérusalem n'étaient ni assez riches, ni assez habiles pour bâtir l'édifice qui couvre aujourd'hui le Calvaire (1) ; comme malgré un passage très suspect de Guillaume de Tyr, rien n'indique que les Croisés aient fait construire à Jérusalem une église du

(1) On prétend que Marie, femme de Hakem et mère du nouveau calife, en fit les frais, et qu'elle fut aidée dans cette pieuse entreprise par Constantin Monomaque.

Saint-Sépulcre, il est probable que l'église fondée par Constantin a toujours subsisté telle qu'elle est, du moins quant aux murailles du bâtiment. La seule inspection de l'architecture de ce bâtiment suffirait pour démontrer ce que j'avance.

Les lecteurs chrétiens demanderont peut-être à présent quels furent les sentiments que j'éprouvai en entrant dans ce lieu redoutable ; je ne puis réellement le dire. Tant de choses se présentaient à la fois à mon esprit, que je ne m'arrêtais à aucune idée particulière. Je restai près d'une demi-heure à genoux dans la petite chambre du Saint-Sépulcre, les regards attachés sur la pierre sans pouvoir les en arracher. L'un des deux religieux qui me conduisaient demeurait prosterné auprès de moi, le front sur le marbre ; l'autre, l'Evangile à la main, me lisait à la lueur des lampes les passages relatifs au saint tombeau. Entre chaque verset il récitait une prière : *Domine Jesu Christe, qui in hora diei vespertina de cruce depositus, in brachiis dulcissimæ Matris tuæ reclinatus fuisti, horaque ultima in hoc sanctissimo monumento corpus tuum examine contulisti, etc.* Tout ce que je puis assurer, c'est qu'à la vue de ce sépulcre triomphant je ne sentis que ma faiblesse ; et quand mon guide s'écria avec saint Paul : *Ubi est, Mors, victoria tua ? Ubi est, Mors, simulus tuus*? je prêtai l'oreille, comme si la Mort allait répondre qu'elle était vaincue et enchaînée de ce monument.

Nous parcourûmes les stations jusqu'au sommet du Calvaire. Où trouver dans l'antiquité rien d'aussi touchant, rien d'aussi merveilleux que les dernières scènes de l'Evangile ? Ce ne sont point ici des aventures bizarres et d'une divinité étrangère à l'humanité : c'est l'histoire la plus pathétique, histoire qui non-seulement fait couler des larmes par sa beauté, mais dont les conséquences, appliquées à l'univers, ont changé la face de la terre. Je venais de visiter les monuments de la Grèce, et j'étais encore tout rempli de leur grandeur; mais qu'ils avaient été loin de m'inspirer ce que j'éprouvais à la vue des lieux saints!

L'église du Saint-Sépulcre, composée de plusieurs églises, bâtie sur un terrain inégal, éclairée par une multitude de lampes, est singulièrement mystérieuse; il y règne une obscurité favorable à la piété et au recueillement de l'âme. Des prêtres chrétiens des différentes sectes, habitent les différentes parties de l'édifice. Du haut des arcades, où ils se sont nichés comme des colombes, du fond des chapelles et des souterrains, ils font entendre leurs cantiques à toutes les heures du jour et de la nuit; l'orgue du religieux latin, la cymbale du prêtre abyssin, la voix du caloyer grec, la prière du solitaire arménien, l'espèce de plainte du moine cophte, frappent tour à tour ou tout à la fois votre oreille; vous ne savez d'où partent ces concerts; vous respirez l'odeur de l'encens sans apercevoir la main qui le brûle : seulement vous voyez passer, s'enfoncer derrière des colonnes, se perdre dans l'ombre du temple, le pontife qui va célébrer les plus redoutables mystères aux lieux mêmes où ils se sont accomplis.

Je ne sortis point de l'enceinte sacrée sans m'arrêter aux monnuments de Godefroy et de Baudoin : ils font face à la porte de l'église, et sont appuyés contre le mur du chœur. Je saluai les cendres de ces rois chevaliers qui méritèrent de reposer près du grand sépulcre qu'ils avaient délivré. Ces cendres sont des cendres françaises, et les seules qui soient ensevelies à l'ombre du tombeau de Jésus-Christ. Quel titre d'honneur pour ma patrie!

Voie douloureuse. — Je retournai au couvent à onze heures, et j'en sortis de nouveau à midi pour suivre la *Voie douloureuse.* On appelle ainsi le chemin que parcourut le Sauveur du monde en se rendant de la maison de Pilate au Calvaire.

La maison de Pilate est une ruine d'où l'on découvre le vaste emplacement du Temple de Salomon et la mosquée bâtie sur cet emplacement.

Jésus-Christ ayant été battu de verges, couronné d'épines, et revêtu d'une casaque de pourpre, fut présenté aux Juifs par Pilate. *Ecce homo,* s'écria le juge ; et l'on voit encore la fenêtre d'où il prononça ces paroles mémorables.

Selon la tradition latine à Jérusalem, la couronne de Jésus-Christ fut prise sur l'arbre épineux *lycium spinosum.* Mais le savant botaniste Hasselquist croit qu'on employa pour cette couronne le *nabka* des Arabes. La raison qu'il en donne mérite d'être rapportée :

« Il y a toute apparence, dit l'auteur, que le nabka
» fournit la couronne que l'on mit sur la tête de Notre-
» Seigneur : il est commun dans l'Orient. On ne pouvait
» choisir une plante plus propre à cet usage, car elle est
» armée de piquants ; ses branches sont souples et plian-
» tes, et sa feuille est d'un vert foncé comme celle du
» lierre. Peut-être les ennemis de Jésus-Christ choisirent-
» ils, pour ajouter l'insulte au châtiment, une plante
» approchant de celle dont on se servait pour couronner
» les empereurs et les généraux d'armée. »

Une autre tradition conserve à Jérusalem la sentence prononcée par Pilate contre le Sauveur du monde :

« Jesum Nazarenum, subversorem gentis, contemplo-
» rem Cæsaris, et falsum Messiam, ut majorum suæ gen-
» tis testimonio probatum est, ducite ad communis su-
» plicii locum, et eum in ludibriis regiæ majestatis in
» medio duorum latronum cruci affligite. » *I, licior, ex-*
» *pedi cruces.* »

A cent vingt pas de l'arc de l'*Ecce Homo*, on me montra à gauche les ruines d'une église consacrée autrefois à Notre-Dame-des-Douleurs. Ce fut dans cet endroit que Marie, chassée d'abord par les gardes, rencontra son Fils chargé de la croix. Ce fait n'est point rapporté dans les Evangiles, mais il est cru généralement, sur l'autorité de saint Boniface et de saint Anselme. Saint Boniface dit que la Vierge tomba comme demi-morte, et qu'elle ne put prononcer un seul mot : *Nec verbum dicere potuit.* Saint Anselme assure que le Christ la salua par ces mots : *Salve, Mater !* Comme on retrouve Marie au pied de la croix, ce récit des Pères n'a rien que de très probable ; la foi ne s'oppose point à ces traditions : elles montrent à quel point la merveilleuse et sublime histoire de la Passion s'est gravée dans la mémoire des hommes. Dix-huit siècles écoulés, des persécutions sans fin, des révolutions éternelles, des ruines toujours croissantes, n'ont put effacer ou cacher la trace d'une mère qui vint pleurer sur son fils.

Cinquante pas plus loin nous trouvâmes l'endroit où Simon le Cyrénéen aida Jésus-Christ à porter sa croix.

« Comme ils le menaient à mort, ils prirent un hom-
» me de Cyrène appelé *Simon*, qui revenait des champs,
» et le chargèrent de la croix, la lui faisant porter après
» Jésus. »

Ici le chemin qui se dirigeait est et ouest fait un coude

et tourne au nord ; je vis à main droite le lieu où se tenait Lazare le pauvre, et en face, de l'autre côté de la rue, la maison du mauvais riche.

« Il y avait un homme riche qui était vêtu de pour-
» pre et de lin, et qui se traitait magnifiquement tous les
» jours. . . . . »

Après avoir passé la maison du mauvais riche on tourne à droite, et l'on reprend la direction du couchant. A l'entrée de cette rue, qui monte au Calvaire, le Christ rencontra les saintes femmes qui pleuraient.

« Or, il était suivi d'une grande multitude de peuple
» et de femmes qui se frappaient la poitrine et qui le
» pleuraient.

» Mais Jésus se tournant vers elles, leur dit : Filles de
» Jérusalem, ne pleurez pas sur moi, mais pleurez sur
» vous-mêmes et sur vos enfants. »

A cent dix pas de là on montre l'emplacement de la maison de Véronique, et le lieu où cette pieuse femme essuya le visage du Sauveur. Le premier nom de cette femme était Bérénice ; il fut changé en celui de *Vera-Icon*, vraie image, par la transposition de deux lettres ; en outre, la transmulation du *b* en *v* est très fréquente dans les langues anciennes.

Après avoir fait une centaine de pas on trouve la porte Judiciaire : c'était la porte par où sortaient les criminels qu'on exécutait sur le Golgotha. Le Golgotha, aujourd'hui renfermé dans la nouvelle cité, était hors de l'enceinte de l'ancienne Jérusalem.

De la porte Judiciaire au haut du Calvaire on compte à peu près deux cents pas : là se termine la Voie douloureuse, qui peut avoir en tout un mille de longueur. Nous avons vu que le Calvaire est maintenant compris dans l'église du Saint-Sépulcre. Si ceux qui lisent la Passion dans l'Evangile sont frappés d'une sainte tristesse et d'une admiration profonde, qu'est-ce donc d'en suivre les scènes au pied de la montagne de Sion, à la vue du Temple, et dans les murs mêmes de Jérusalem ?

Après la description de la Voie douloureuse et de l'église du Saint-Sépulcre, je ne dirai qu'un mot des autres lieux de dévotion que l'on trouve dans l'enceinte de la ville. Je me contenterai de les nommer dans l'ordre où je les ai parcourus pendant mon séjour à Jérusalem.

1° La maison d'Anne le pontife, près de la porte de David, au pied du mont Sion, en dedans du mur de la ville : les Arméniens possèdent l'église bâtie sur les ruines de cette maison.

2° Le lieu de l'apparition du Sauveur à Marie-Madeleine, Marie, mère de Jacques, et Marie Salomé, entre le château et la porte du mont Sion.

3° La maison de Simon le pharisien. Madeleine y confessa ses erreurs. C'est une église totalement ruinée, à l'orient de la ville.

4° Le monastère de sainte Anne, mère de la sainte Vierge, et la grotte de la Conception immaculée, sous l'église du monastère. Ce monastère est converti en mosquée, mais on y entre pour quelques médins. Sous les rois chrétiens il était habité par des religieuses. Il n'est pas loin de la maison de Simon.

5° La prison de saint Pierre, près du Calvaire. Ce sont de vieilles murailles d'où l'on montre des crampons de fer.

6° La maison de Zébédée, assez près de la prison de saint Pierre, grande église qui appartient au patriarche grec.

7° La maison de Marie, mère de Jean Marc, où saint Pierre se retira lorsqu'il eut été délivré par l'ange. C'est une église desservie par les Syriens.

8° Le lieu du martyre de saint Jacques-le-Majeur. C'est le couvent des Arméniens. L'église en est fort riche et fort élégante. Je parlerai bientôt du patriarche arménien.

Le lecteur a maintenant sous les yeux le tableau complet des monuments chrétiens dans Jérusalem. Nous allons à présent visiter les dehors de la ville sainte.

J'avais employé deux heures à parcourir à pied la Voie douloureuse. J'eus soin chaque jour de revoir ce chemin sacré, ainsi que l'église du Calvaire, afin qu'aucune circonstance essentielle n'échappât à ma mémoire. Il était donc deux heures quand j'achevai, le 7 octobre, ma première revue des saints lieux. Je montai alors à cheval avec Ali-Aga, le drogman Michel et mes domestiques. Nous sortîmes par la porte de Jaffa pour faire le tour complet de Jérusalem. Nous étions couverts d'armes, habillés à la française, et très décidés à ne souffrir aucune insulte. On voit que les temps sont bien changés, grâce au renom de nos victoires ; car l'ambassadeur Deshayes, sous Louis XII, eut toutes les peines du monde à obtenir la permission d'entrer à Jérusalem avec son épée.

Nous tournâmes à gauche en sortant de la porte de la ville : nous marchâmes au midi, et nous passâmes la piscine de Bersabée, fossé large et profond, mais sans eau ; ensuite nous gravîmes la montagne de Sion, dont une partie se trouve hors de Jérusalem.

Montagne de Sion. — Je suppose que ce nom de Sion réveille dans la mémoire des lecteurs un grand souvenir; qu'ils sont curieux de connaître cette montagne si mystérieuse dans l'Ecriture, si célèbre dans les cantiques de Salomon ; cette montagne, objet des bénédictions ou des larmes des prophètes, et dont Racine a soupiré les malheurs.

C'est un monticule d'un aspect jaunâtre et stérile, ouvert en forme de croissant du côté de Jérusalem, à peu près de la hauteur de Montmartre, mais plus arrondi au sommet. Ce sommet sacré est marqué par trois monuments, ou plutôt par trois ruines : la maison de Caïphe, le Saint-Cénacle, et le tombeau ou le palais de David. Du haut de la montagne vous voyez au midi la vallée de Ben-Hinnon, par delà cette vallée le Champ-du-Sang acheté des trente deniers de Judas, le mont du Mauvais-Conseil, les tombeaux des juges, et tout le désert vers Habron et Bethléem. Au nord le mur de Jérusalem, qui passe sur la cime de Sion, vous empêche de voir la ville; celle-ci va toujours en s'inclinant vers la vallée de Josaphat.

La maison de Caïphe est aujourd'hui une église desservie par les Arméniens; le tombeau de David est une petite salle voûtée, où l'on trouve trois sépulcres de pierre noirâtre ; le Saint-Cénacle est une mosquée et un hôpital turc : c'étaient autrefois une église et un monastère occupés par les Pères de Terre-Sainte. Ce dernier sanctuaire est également fameux dans l'ancien et le nouveau *Testament :* David y bâtit son palais et son tombeau ; il y garda pendant trois mois l'arche d'alliance ; Jésus-Christ y fit la dernière Pâque, et y institua le sacrement de l'Eucharistie ; il y apparut à ses disciples le jour de sa résurrection ; le Saint-Esprit y descendit sur les apôtres. Le Saint-Cénacle devint le premier temple chrétien que tout le monde ait vu ; saint Jacques-le-Mineur y fut consacré premier évêque de Jérusalem, et saint Pierre y tint le premier concile de l'église ; enfin ce fut de ce lieu que les apôtres partirent, pauvres et nus, pour monter sur tous les trônes de la terre : *Docete omnes gentes !*

L'historien Josèphe nous a laissé une description magnifique du palais et du tombeau de David.

En descendant de la montagne de Sion, du côté du levant, nous arrivâmes à la vallée, à la fontaine et à la piscine de Siloé, où Jésus-Christ rendit la vue à l'aveugle. La fontaine sort du rocher ; elle coule en silence, *cum silentio,* selon le témoignage de Jérémie, ce qui contredit un passage de saint Jérôme ; elle a une espèce de flux et de reflux, tantôt versant ses eaux comme la fontaine de Vaucluse, tantôt les retenant et les laissant à peine couler. Les lévites répandaient l'eau de Siloë sur l'autel à la fête des Tabernacles, en chantant. La piscine, ou plutôt les deux piscines du même nom sont tout auprès de la source. Elles servent aujourd'hui à laver le linge comme autrefois, et nous y vîmes des femmes qui nous dirent des injures en s'enfuyant. L'eau de la fontaine est saumâtre et assez désagréable au goût ; on s'y baigne les yeux en mémoire du miracle de l'aveugle-né.

Vallée de Josaphat. — Nous avançâmes jusqu'à l'angle oriental du mur de la ville, et nous entrâmes dans la vallée de Josaphat. Elle court du nord au midi, entre la montagne des Oliviers et le mont Moria. Le torrent de Cédron passe au milieu. Ce torrent est à sec une partie de l'année ; dans les orages ou dans les printemps pluvieux il roule une eau rougie.

La vallée de Josaphat est encore appelée dans l'Ecriture *vallée de Savé*, *vallée du Roi*, *vallée de Melchisédech* (1). Ce fut dans la vallée de Melchisédech que le roi de Sodome chercha Abraham pour le féliciter de la victoire remportée sur les cinq rois. Meloch et Béelphégor furent adorés dans cette même vallée. Elle prit dans la suite le nom de *Josaphat*, parce que le roi de ce nom y fit élever son tombeau. La vallée de Josaphat semble avoir toujours servi de cimetière à Jérusalem ; on y rencontre les monuments des siècles les plus reculés et des temps les plus modernes : les juifs viennent y mourir des quatre parties du monde ; un étranger leur vend au poids de l'or un peu de terre pour couvrir leur corps dans le champ de leurs aïeux. Les cèdres dont Salomon planta cette vallée (2), l'ombre du temple dont elle était couverte, le torrent qui la traversait (3), les cantiques de deuil que David y composa, les lamentations que Jérémie y fit entendre, la rendaient propre à la tristesse et à la paix des tombeaux. En commençant sa Passion dans ce lieu solitaire, Jésus-Christ le consacra de nouveau aux douleurs : ce David innocent y versa, pour

(1) Sur tout cela il y a différentes opinions. La vallée du Roi pourrait bien être vers les montagnes du Jourdain, et cette position conviendrait même davantage à l'histoire d'Abraham.

(2) Josèphe raconte que Salomon fit couvrir de cèdres les montagnes de la Judée.

(3) Cédron est un mot hébreu qui signifie noirceur et tristesse. On observe qu'il y a faute dans l'évangile de saint Jean, qui nomme ce torrent *Torrent des Cèdres*. L'erreur vient d'un oméga, écrit au lieu d'un omicron : *Kédrôn*, au lieu de *Kedron*.

effacer nos crimes, les larmes que le David coupable y répandit pour expier ses propres erreurs. Il y a peu de noms qui réveillent dans l'imagination des pensées à la fois plus touchantes et plus formidables que celui de la vallée de Josaphat : vallée si pleine de mystères, que, selon le prophète Joë, tous les hommes y doivent comparaître un jour devant le juge redoutable : *Congregabo omnes gentes, et deducam eas in vallem Josaphat, et disceptabo cum eis ibi.* « Il est raisonnable, dit le père Nau,
» que l'honneur de Jésus-Christ soit réparé publique-
» ment par tant d'opprobres et d'ignominies, et qu'il
» juge justement les hommes où ils l'ont jugé si injuste-
» ment. »

L'aspect de la vallée de Josaphat est désolé : le côté occidental est une haute falaise de craie qui soutient les murs gothiques de la ville, au-dessus desquels on aperçoit Jérusalem ; le côté oriental est formé par le mont des Oliviers et par la montagne du Scandale, *mons offensionis*, ainsi nommée de l'idolâtrie de Salomon. Ces deux montagnes, qui se touchent, sont presque nues et d'une couleur rouge et sombre : sur leurs flancs déserts on voit çà et là quelques vignes noires et brûlées, quelques bouquets d'oliviers sauvages, des friches couvertes d'hysope, des chapelles, des oratoires et des mosquées en ruine. Au fond de la vallée on découvre un pont d'une seule arche, jeté sur la ravine du torrent de Cédron. Les pierres du cimetière des juifs se montrent comme un amas de débris au pied de la montagne du Scandale, sous le village arabe de Silean : on a peine à distinguer les masures de ce village des sépulcres dont elles sont environnées. Trois monuments antiques, les tombeaux de Zacharie, de Josaphat et d'Absalon, se font remarquer dans ce champ de destruction. A la tristesse de Jérusalem, dont il ne s'élève aucune fumée, dont il ne sort aucun bruit; à la solitude des montagnes, où l'on n'aperçoit pas un être vivant, au désordre de toutes ces tombes fracassées, brisées, demi-ouvertes, on dirait que la trompette du jugement s'est déjà fait entendre, et que les morts vont se lever dans la vallée de Josaphat.

Montagne des Oliviers. — Au bord même, et presque à la naissance du torrent de Cédron, nous entrâmes dans le jardin des Oliviers; il appartient aux Pères latins, qui l'ont acheté de leurs propres deniers : on y voit huit gros oliviers d'une extrême décrépitude. L'olivier est pour ainsi dire immortel, parce qu'il renaît de sa souche. On conservait dans la citadelle d'Athènes un olivier dont l'origine remontait à la fondation de la ville. Les oliviers du jardin de ce nom à Jérusalem sont au moins du temps du Bas-Empire; en voici la preuve : en Turquie, tout olivier trouvé debout par les musulmans, lorsqu'ils envahirent l'Asie, ne paie qu'un médin au fisc, tandis que l'olivier planté depuis la conquête doit au grand-seigneur la moitié de ses fruits; or, les huit oliviers dont nous parlons ne sont taxés qu'à huit médins.

Nous descendîmes de cheval à l'entrée de ce jardin pour visiter à pied les Stations de la montagne. Le village de Gethsémani était à quelque distance du jardin des Oliviers. On le confond avec ce jardin, comme le remarquent Thévenot et Roger.

Nous entrâmes d'abord dans le sépulcre de la Vierge. C'est une église souterraine où l'on descend par cinquante degrés assez beaux : elle est partagée entre toutes les sectes chrétiennes; les Turcs même ont un oratoire dans ce lieu ; les catholiques possèdent le tombeau de Marie. Quoique la Vierge ne soit pas morte à Jérusalem, elle fut (selon l'opinion de plusieurs Pères), miraculeusement ensevelie à Gethsémani par les apôtres. Euthymius raconte l'histoire de ces merveilleuses funérailles. Saint Thomas ayant fait ouvrir le cercueil, on n'y trouva plus qu'une robe virginale, simple et pauvre vêtement de cette reine de gloire que les anges avaient enlevée aux cieux.

Les tombeaux de saint Joseph, de saint Joachim et de sainte Anne se voient aussi dans cette église souterraine.

Sortis du sépulcre de la Vierge, nous allâmes voir, dans le jardin des Oliviers, la grotte où le Sauveur répandit une sueur de sang, en prononçant ces paroles : *Pater, si possibile est, transeat a me calix iste.*

Cette grotte est irrégulière ; on y a pratiqué des autels. A quelques pas en dehors on voit la place où Judas trahit son maître par un baiser. A quelle espèce de douleur Jésus-Christ consentit à descendre ! Il éprouva ces affreux dégoûts de la vie que la vertu même a de la peine à surmonter. Et à l'instant où un ange est obligé de sortir du ciel pour soutenir la Divinité défaillante sous le fardeau des misères de l'homme, cette Divinité miséricordieuse est trahie par l'homme !

En quittant la grotte du Calice d'amertume, et gravissant un chemin tortueux semé de cailloux, le drogman nous arrêta près d'une roche d'où l'on prétend que Jésus-Christ regarda la ville coupable en pleurant sur la désolation prochaine de Sion. Baronius observe que Titus planta ses tentes à l'endroit même où le Sauveur avait prédit la ruine de Jérusalem. Doubdan, qui combat cette opinion sans citer Baronius, croit que la sixième légion romaine campa au sommet de la montagne des Oliviers, et non pas sur le penchant de la montagne. Cette critique est trop sévère, et la remarque de Baronius n'en est ni moins belle ni moins juste.

De la roche de la Prédiction nous montâmes à des grottes qui sont à la droite du chemin. On les appelle les *Tombeaux des Prophètes ;* elles n'ont rien de remarquable, et l'on ne sait trop de quels prophètes elles peuvent garder les cendres.

Un peu au-dessus de ces grottes nous trouvâmes une espèce de citerne composée de douze arcades : ce fut là que les apôtres composèrent le premier symbole de notre croyance. Tandis que le monde entier adorait à la face du soleil mille divinités honteuses, douze pêcheurs, cachés dans les entrailles de la terre, dressaient la profession de foi du genre humain, et reconnaissaient l'unité du Dieu créateur de ces astres à la lumière desquels on n'osait encore proclamer son existence. Si quelque Romain de la cour d'Auguste, passant auprès de ce souterrain, eût aperçu les douze juifs qui composaient cette œuvre sublime, quel mépris il eût témoigné pour cette troupe superstitieuse ! Avec quel dédain il eût parlé de ces premiers fidèles ! Et pourtant ils allaient renverser les temples de ce Romain, détruire la religion de ses pères, changer les lois, la politique, la morale, la raison, et jusqu'aux pensées des hommes. Ne désespérons donc jamais du salut des peuples. Les chrétiens gémissent aujourd'hui sur la tiédeur de la foi : qui sait si Dieu n'a point planté dans une aire inconnue le grain de sénevé qui doit multiplier dans les champs ? Peut-être cet espoir de salut est-il sous nos yeux sans que nous nous y arrêtions ; peut-être nous paraît-il aussi absurde que ridicule. Mais qui aurait jamais pu croire à la folie de la croix ?

On monte encore un peu plus haut, et l'on rencontre les ruines ou plutôt l'emplacement désert d'une chapelle : une tradition constante enseigne que Jésus-Christ récita dans cet endroit l'*Oraison dominicale.*

« Un jour, comme il était en prière en un certain
» lieu, après qu'il eut cessé de prier, un de ses disciples
» lui dit : Seigneur, apprenez-nous à prier, ainsi que
» Jean l'a appris à ses disciples.

» Et il leur dit : Lorsque vous prierez, dites : Père,
» que votre nom soit sanctifié, etc. »

Ainsi furent composées presque au même lieu la profession de foi de tous les hommes et la prière de tous les hommes.

A trente pas de là, en tirant un peu vers le nord, est un olivier au pied duquel le Fils du souverain Arbitre prédit le jugement universel.

Enfin, on fait encore une cinquantaine de pas sur la montagne, et l'on arrive à une petite mosquée de forme octogone, reste d'une église élevée jadis à l'endroit même où Jésus-Christ monta au ciel après sa résurrection. On distingue sur le rocher l'empreinte du pied gauche d'un homme ; le vestige du pied droit s'y voyait autrefois : la plupart des pèlerins disent que les Turcs ont enlevé ce second vestige pour le placer dans la mosquée du temple ; mais le Père Roger affirme positivement qu'il n'y est pas. Je me tais, par respect, sans pourtant être convaincu, devant des autorités considérables : saint Augustin, saint Jérôme, saint Paulin, Sulpice Sévère, le vénérable Bède, la tradition, tous les voyageurs anciens et modernes, assurent que cette trace marque un pas de Jésus-Christ. En examinant cette trace, on en a conclu que le Sauveur avait le visage tourné vers le nord au moment de son ascension comme pour renier ce midi infesté d'erreurs, pour appeler à la foi les Barbares qui devaient renverser les temples des faux dieux, créer de nouvelles nations, et planter l'étendard de la croix sur les murs de Jérusalem.

Plusieurs Pères de l'Eglise ont cru que Jésus-Christ s'éleva aux cieux au milieu des âmes des patriarches et des prophètes délivrés par lui des chaînes de la mort : sa mère et cent vingt disciples furent témoins de son ascension. Il étendit les bras comme Moïse, dit saint Grégoire de Nazianze, et présenta ses disciples à son père ; ensuite il croisa ses mains puissantes en les abaissant sur la tête de ses bien-aimés, et c'était de cette manière que Jacob avait béni les fils de Joseph ; puis, quittant la terre avec une majesté admirable, il monta lentement vers les demeures éternelles et se perdit dans une nue éclatante.

Sainte Hélène avait fait bâtir une église où l'on trouve aujourd'hui la mosquée octogone. Saint Jérôme nous apprend qu'on n'avait jamais pu fermer la voûte de cette église à l'endroit où Jésus-Christ prit sa route dans les airs. Le vénérable Bède assure que, de son temps, la veille de l'Ascension, on voyait, pendant la nuit, la montagne des Oliviers couverte de feux. Rien n'oblige à croire ces traditions, que je rapporte seulement pour faire connaître l'histoire et les mœurs ; mais si Descartes et Newton eussent philosophiquement douté de ces merveilles, Racine et Milton ne les auraient pas poétiquement répétées.

Telle est l'histoire évangélique expliquée par les monuments. Nous l'avons vu commencer à Jérusalem, marcher au dénouement chez Pilate, arriver à la catastrophe au Calvaire, et se terminer sur la montagne des Oliviers. Le lieu même de l'Ascension n'est pas tout-à-fait à la cime de la montagne, mais à deux ou trois cents pas au-dessous du plus haut sommet.

Nous descendîmes de la montagne des Oliviers, et, remontant à cheval, nous continuâmes notre route. Il faut nous arrêter ici pour jeter un regard sur l'histoire de Jérusalem.

Historique de Jérusalem. — Jérusalem fut fondée l'an du monde 2023, par le grand-prêtre Melchisédech : il la nomma *Salem*, c'est-à-dire la Paix ; elle n'occupait alors que les deux montagnes de Mora et d'Acra.

Cinquante ans après sa fondation, elle fut prise par les Jébuséens, descendants de Jébus, fils de Chanaan. Ils bâtirent sur le mont Sion une forteresse à laquelle ils donnèrent le nom de *Jébus* leur père : la ville prit alors le nom de *Jérusalem*, ce qui signifie *Vision de Paix*. Toute l'Ecriture en fait un magnifique éloge : *Jerusalem, civitas Dei, luce splendida fulgebis. Omnes nationes terræ adorabunt te, etc.*

Josué s'empara de la ville basse de Jérusalem la première année de son entrée dans la Terre-Promise : il fit mourir le roi Adonisédech et les quatre rois d'Ebron, de Jérimol, de Lachis et d'Eglon. Les Jébuséens demeurèrent les maîtres de la ville haute ou de la citadelle de Jébus. Ils n'en furent chassés que par David, huit cent vingt-quatre ans après leur entrée dans la cité de Melchisédech.

David fit augmenter la forteresse de Jébus, et lui donna

son propre nom. Il fit aussi bâtir sur la montagne de Sion un palais et un tabernacle, afin d'y déposer l'arche d'alliance.

Salomon augmenta la cité sainte : il éleva ce premier temple dont l'Ecriture et l'historien Josèphe rocontent les merveilles, et pour lequel Salomon lui-même composa de si beaux cantiques.

Cinq ans après la mort de Salomon, Sésac, roi d'Egypte, attaqua Roboam, prit et pilla Jérusalem.

Elle fut encore saccagée cent cinquante ans après par Joas, roi d'Israël.

Envahie de nouveau par les Assyriens, Manassé, roi de Juda, fut emmené captif à Babylone. Enfin, sous le règne de Sédécias, Nabuchodonosor renversa Jérusalem de fond en comble, brûla le temple, et transporta les juifs à Babylone. *Sion quasi ager arabatur*, dit Jérémie ; *Hierusalem ut... lapidum erat*. Saint Jérôme, pour peindre la solitude de cette ville désolée, dit qu'on n'y voyait pas voler un seul oiseau.

Le premier temple fut détruit quatre cent soixante-dix ans, six mois et dix jours après sa fondation par Salomon, l'an du monde 3513, environ six cents ans avant Jésus-Christ : quatre cent soixante-dix-sept ans s'étaient écoulés depuis David jusqu'à Sédécias, et la ville avait été gouvernée par dix-sept rois.

Après les soixante et dix ans de captivité, Zorobabel commença à rebâtir le temple et la ville. Cet ouvrage, interrompu pendant quelques années, fut successivement achevé par Esdras et Néhémie.

Alexandre passa à Jérusalem l'an du monde 3683, et offrit des sacrifices dans le temple.

Ptolémée, fils de Lagus, se rendit maître de Jérusalem ; mais elle fut très bien traitée par Ptolémée Philadelphe, qui fit au temple de magnifiques présents.

Antiochus-le-Grand reprit la Judée sur les rois d'Egypte, et la remit ensuite à Ptolémée Evergètes. Antiochus Epiphane saccagea de nouveau Jérusalem, et plaça dans le temple la statue de Jupiter-Olympien.

Les Machabées rendirent la liberté à leur pays et le défendirent contre les rois de l'Asie.

Malheureusement Aristobule et Hircan se disputèrent la couronne ; ils eurent recours aux Romains, qui, par la mort de Mithridate, étaient devenus les maîtres de l'Orient. Pompée accourut à Jérusalem : introduit dans la ville, il assiége et prend le temple. Crassus ne tarda pas à piller ce monument auguste que Pompée vainqueur avait respecté.

Hircan, protégé de César, s'était maintenu dans la grande sacrificature. Antigone, fils d'Aristobule, empoisonné par les Pompéiens, fait la guerre à son oncle Hircan et appelle les Parthes à son secours. Ceux-ci fondent sur la Judée, entrent dans Jérusalem et emmènent Hircan prisonnier.

Hérode-le-Grand, fils d'Antipater, officier distingué de la cour d'Hircan, s'empare du royaume de Judée par la faveur des Romains. Antigone, que le sort des armes fait tomber entre les mains d'Hérode, est envoyé à Antoine. Le dernier descendant des Machabées, le roi légitime de Jérusalem, est attaché à un poteau, battu de verges et mis à mort par l'ordre d'un citoyen romain.

Hérode, demeuré seul maître de Jérusalem, la remplit de monuments superbes dont je parlerai dans un autre lieu. Ce fut sous le règne de ce prince que Jésus-Christ vint au monde.

Archélaüs, fils d'Hérode et de Marianne succéda à son père, tandis qu'Hérode Antipas, fils aussi du grand Hérode, eut la tétrarchie de la Galilée et de la Pérée. Celui-ci fit trancher la tête à saint Jean-Baptiste, et renvoya Jésus-Christ à Pilate. Cet Hérode le tétrarque fut exilé à Lyon par Caligula.

Agrippa, petit-fils d'Hérode-le-Grand, obtint le royaume de Judée ; mais son frère Hérode, roi de Chalcide, eut tout pouvoir sur le temple, le trésor sacré et la grande sacrificature.

Après la mort d'Agrippa, la Judée fut réduite en province romaine. Les Juifs s'étant révoltés contre leurs maîtres, Titus assiégea et prit Jérusalem. Deux cent mille juifs moururent de faim pendant ce siége. Depuis le 4 avril jusqu'au 1er de juillet de l'an 71 de notre ère, cent quinze mille huit cent quatre-vingts cadavres sortirent par une seule porte de Jérusalem. On mangea le cuir des souliers et des boucliers ; on en vint à se nourrir de foin et des ordures que l'on chercha dans les égouts de la ville, une mère dévora son enfant. Les assiégés avalaient leur or ; le soldat romain qui s'en aperçut égorgeait les prisonniers, et cherchait ensuite le trésor recélé dans les entrailles de ces malheureux. Onze cent mille Juifs périrent dans la ville de Jérusalem, et deux cent trente-huit mille quatre cent soixante dans le reste de la Judée. Je ne comprend dans ce calcul ni les femmes, ni les enfants, ni les vieillards emportés par la faim, les séditions et les flammes. Enfin il y eut quatre-vingt-dix-neuf mille deux cents prisonniers de guerre ; les uns furent condamnés aux travaux publics, les autres furent réservés au triomphe de Titus : ils parurent dans les amphithéâtres de l'Europe et l'Asie, où ils s'entretuèrent pour amuser la populace du monde romain. Ceux qui n'avaient pas atteint l'âge de dix-sept ans furent mis à l'encan avec les femmes; on en donnait trente pour un denier. Le sang du Juste avait été vendu trente deniers à Jérusalem, et le peuple avait crié : *Sanguis ejus super nos et super filios nostros.* Dieu entendit ce vœu des Juifs, et pour la dernière fois il exauça leur prière : après quoi il détourna ses regards de la Terre-Promise et choisit un nouveau peuple.

Le temple fut brûlé trente-huit ans après la mort de Jésus-Christ; de sorte qu'un grand nombre de ceux qui avaient entendu la prédiction du Sauveur purent en voir l'accomplissement.

Le reste de la nation juive s'étant soulevé de nouveau, Adrien acheva de détruire ce que Titus avait laissé debout dans l'ancienne Jérusalem. Il éleva sur les ruines de la cité de David un autre ville à laquelle il donna le nom d'*Ælia Capitolina;* il en défendit l'entrée aux Juifs sous peine de mort, et fit sculpter un pourceau sur la porte qui conduisait à Bethléem. Saint Grégoire de Nazianze assure cependant que les Juifs avaient la permission d'entrer à Ælia une fois par an pour y pleurer; saint Jérôme ajoute qu'on leur vendait au poids de l'or le droit de verser des larmes sur les cendres de leur patrie.

Cinq cent quatre-vingt-cinq mille Juifs, au rapport de Dion, moururent de la main du soldat dans cette guerre d'Adrien. Une multitude d'esclaves de l'un et de l'autre sexe fut vendue aux foires de Gaza et de Membré; on rasa cinquante châteaux et neuf cent quatre-vingt-cinq bourgades.

Adrien bâtit sa ville nouvelle précisément dans la place qu'elle occupe aujourd'hui ; et, par une providence particulière, comme l'observe Doubdan, il enferma le mont Calvaire dans l'enceinte des murailles. A l'époque de la persécution de Dioclétien, le nom même de Jérusalem était si totalement oublié, qu'un martyr ayant répondu à un gouverneur romain qu'il était de Jérusalem, ce gouverneur s'imagina que le martyr parlait de quelque ville factieuse bâtie secrètement par les chrétiens. Vers la fin du septième siècle, Jérusalem portait encore le nom d'*Ælia*, comme on le voit par le *Voyage* d'Arculfe, de la rédaction d'Adamannus, ou celle du vénérable Bède.

Quelques mouvements paraissent avoir eu lieu dans la Judée sous les empereurs Antonin, Septime-Sévère et Caracalla. Jérusalem, devenue païenne dans ses vieilles années, reconnut enfin le Dieu qu'elle avait rejeté. Constantin et sa mère renversèrent les idoles élevées sur le sépulcre du Sauveur, et consacrèrent les saints lieux par des édifices qu'on y voit encore.

Ce fut en vain que Julien, trente-sept ans après, rassembla les Juifs à Jérusalem pour y rebâtir le temple : les hommes travaillaient à cet ouvrage avec des hottes, des bêches et des pelles d'argent ; les femmes emportaient la terre dans le pan de leurs plus belles robes ; mais des globes de feu sortant des fondements à demi creusés dispersèrent les ouvriers et ne permirent pas d'achever l'entreprise.

Nous trouvons une révolte des Juifs sous Justinien, l'an 501 de Jésus-Christ. Ce fut aussi sous cet empereur que l'église de Jérusalem fut élevée à la dignité patriarcale.

Toujours destinée à lutter contre l'idolâtrie et à vaincre les fausses religions, Jérusalem fut prise par Cosroës, roi des Perses l'an 613 de Jésus-Christ. Les Juifs répandus dans la Judée achetèrent de ce prince quatre-vingt-dix mille prisonniers chrétiens et les égorgèrent.

Héraclius battit Cosroës en 627, reconquit la vraie croix que le roi des Perses avait enlevée, et la rapporta à Jérusalem.

Neuf ans après, le calife Omar, troisième successeur de Mahomet, s'empara de Jérusalem, après l'avoir assiégée pendant quatre mois : la Palestine, ainsi que l'Egypte passa sous le joug du vainqueur.

Omar fut assasiné à Jérusalem en 643. L'établissement de plusieurs califats en Arabie et en Syrie, la chute de la dynastie des Ommiades et l'élévation de celles des Abassides, remplirent la Judée de troubles et de malheurs pendant plus de deux cents ans.

Amed, turc Toullounide, qui de gouverneur de l'Egypte en était devenu le souverain, fit la conquête de Jérusalem en 868 ; mais son fils ayant été défait par les califes de Bagdad, la cité sainte retourna sous la puissance de ces califes l'an 905 de notre ère.

Un nouveau Turc, nommé *Mahomed-Ikhschid*, s'étant à son tour emparé de l'Egypte, porta ses armes au dehors et soumit Jérusalem l'an 936 de Jésus-Christ.

Les Fatimites, sortis des sables de Cyrène en 968 chassèrent les Ikhschidites de l'Egypte, et conquirent plusieurs villes de la Palestine.

Un autre Turc, du nom d'*Ortok*, favorisé par les Seljoucides d'Alep, se rendit maître de Jérusalem en 984, et ses enfants y régnèrent après lui.

Mostali, calife d'Egypte, obligea les Ortokides à sortir de Jérusalem.

Haquem ou Hequem, successeur d'Aziz, second calife fatimite, persécuta les chétiens à Jérusalem vers l'an 996, comme je l'ai déjà raconté en parlant de l'église du Saint-Sépulcre. Ce calife mourut en 1021.

Meleschah, Turc Seljoucide, prit la sainte cité en 1076, et fit ravager tout le pays. Les Ortokides qui avaient été chassés de Jérusalem par le calife Mostali y rentrèrent et s'y maintinrent contre Redouan, prince d'Alep. Mais ils en furent expulsés de nouveau par les Fatimites en 1076: ceux-ci y régnaient encore lorsque les croisés parurent sur les frontières de la Palestine.

Il y a encore des personnes qui se persuadent, sur l'autorité de quelques plaisanteries usées, que le royaume de Jérusalem était un misérable petit vallon, peu digne du nom pompeux dont on l'avait décoré : c'était un très vaste et très grand pays. L'Ecriture entière, les auteurs païens, comme Hécatée d'Abdère. Théophraste, Strabon même, Pausanias, Galien, Dioscoride, Pline, Tacite, Solin, Ammien Marcelin ; les écrivains Juifs, tels que Josèphe ; les compilateurs du *Talmud* et de la *Misna ;* les historiens et les géographes arabes, Massaudi Ibn Haukal, Ibn al Quadi, Hamdoullah, Abulfeda, Eridisti, etc.; les voyageurs en Palestine, depuis les premiers temps jusqu'à nos jours, rendent unanimement témoignage à la fertilité de la Judée. L'abbé Guénée a discuté ces autorités avec une clarté et une critique admirables. Faudrait-il s'étonner d'ailleurs qu'une terre féconde fût devenue stérile après tant de dévastations ? Jérusalem a été prise et saccagée dix-sept fois ; des millions d'hommes ont été égorgés dans son enceinte, et ce massacre dure pour ainsi dire encore ; nulle autre ville n'a éprouvé un pareil sort. Cette punition si longue et presque surnaturelle, annonce un crime sans exemple, et qu'aucun châtiment ne peut expier. Dans cette contrée, devenue la proie du fer et de la flamme, les champs incultes ont perdu la fécondité qu'ils devaient aux sueurs de l'homme; les sources ont été ensevelies sous des éboulements; la terre des montagnes n'étant plus soutenue par l'industrie du vigneron, a été entraînée au fond des vallées, et les collines, jadis couvertes de bois de sycomores, n'ont plus offert que des sommes arides.

Les chrétiens ayant perdu ce royaume en 1291 les soudans Baharites demeurèrent en possession de leur conquête jusqu'en 1382. A cette époque les mamelucks circassiens usurpèrent l'autorité en Egypte, et donnèrent une nouvelle forme de gouvernement à la Palestine. Si les soudans circassiens sont ceux qui avaient établi une poste aux pigeons et les relais pour apporter au Caire la neige du mont Liban, il faut convenir que, pour des barbares, ils connaissaient assez bien les agréments de la vie. Sélim mit fin à tant de révolutions en s'emparant en 1716, de l'Egypte et de la Syrie.

Le voyageur a maintenant sous les yeux les murs de Jérusalem, dont j'ai fait trois fois le tour à pied : ils présentent quatre face aux quatre vents; ils forment un carré long, dont le grand côté court d'orient en occident, deux pointes de la boussole au midi. D'Anville a prouvé par les mesures et les positions locales que l'ancienne Jérusalem n'était pas beaucoup plus vaste que la moderne : elle occupait quasi le même emplacement, si ce n'est qu'elle enfermait toute la montagne de Sion, et qu'elle laissait dehors le Calvaire.

Le mur d'enceinte qui existe aujourd'hui est l'ouvrage de Soliman, fils de Sélim, comme le prouvent les inscriptions turques placées dans ce mur. On prétend que le dessein de Soliman était d'enclore la montagne de Sion dans la circonvallation de Jérusalem, et qu'il fit mourir l'architecte pour n'avoir pas suivi ses ordres. Ces murailles, flanquées de tours carrées, peuvent avoir à la plate-forme des bastions une trentaine de pieds de largeur, et cent vingt pieds d'élévation ; elles n'ont d'autres fosses que les vallées qui environnent la ville. Six pièces de douze, tirées à barbette, en poussant seulement quelques gabions, sans ouvrir de tranchées, y feraient dans une nuit une brèche praticable ; mais on sait que les Turcs se défendent très bien derrière un mur par le moyen des épaulements. Jérusalem est dominée de toutes parts ; pour la rendre tenable contre une armée régulière, il faudrait faire de grands ouvrages avancés à l'ouest et au nord, et bâtir une citadelle sur la montagne des Oliviers.

Maisons. — Disons enfin un mot des maisons. Elles sont de lourdes masses carrées, fort basses, sans cheminées et sans fenêtres ; elles se terminent en terrasses aplaties ou en dômes, et elles ressemblent à des prisons ou à des sépulcres. Tout serait à l'œil d'un nouveau égal si les clochers des églises, les minarets des mosquées, les cimes de quelques cyprès et les buissons de nopals ne rompaient l'uniformité du plan. A la vue de ces maisons de pierre, renfermées dans un paysage de pierres, on se demande si ce ne sont pas là les monuments confus d'un cimetière au milieu d'un désert.

Entrez dans la ville, rien ne vous consolera de la tristesse extérieure : vous vous égarez dans de petites rues non pavées, qui montent et descendent sur un sol inégal, et vous marchez dans des flots de poussière ou parmi des cailloux roulants. Des toiles jetées d'une maison à l'autre augmentent l'obscurité de ce labyrinthe ; des bazars voûtés et infects achèvent d'ôter la lumière à la ville désolée ; quelques chétives boutiques n'étalent aux yeux que la misère ; et souvent ces boutiques même sont fermées dans la crainte du passage d'un cadi. Personne dans les rues, personne aux portes de la ville ; quelquefois seulement un paysan se glisse dans l'ombre, cachant sous ses habits les fruits de son labeur, dans la crainte d'être dépouillé par le soldat ; dans un coin à l'écart, le boucher arabe égorge quelque bête suspendue par les pieds à un mur en ruine : à l'air hagard et féroce de cet homme, à ses bras ensanglantés, vous croiriez qu'il vient plutôt de tuer son semblable que d'immoler un agneau. Pour tout bruit, dans la cité déicide, on entend par intervalles le galop de la cavale du désert : c'est le janissaire qui apporte la tête du Bédouin ou qui va piller le Fellah.

Au milieu de cette désolation extraordinaire, il faut s'arrêter un moment pour contempler des choses plus extraordinaires encore. Parmi les ruines de Jérusalem, deux espèces de peuples indépendants trouvent dans leur foi de quoi surmonter tant d'horreurs et de misères. Là vivent des religieux chrétiens que rien ne peut forcer à abandonner le tombeau de Jésus-Christ : ni spoliations, ni mauvais traitements, ni menaces de la mort. Leurs cantiques retentissent nuit et jour autour du Saint-Sépulcre. Dépouillés le matin par un gouverneur turc, le soir les retrouve au pied du Calvaire, priant au lieu où Jésus-Christ souffrit pour le salut des hommes. Leur front est serein, leur bouche est riante. Ils reçoivent l'étranger avec joie. Sans forces et sans soldats, ils protégent des villages entiers contre l'iniquité. Pressés par le bâton et par le sabre, les femmes, les enfants, les troupeaux se réfugient dans les cloîtres de ces solitaires. Qui empêche le méchant armé de poursuivre sa proie et de renverser d'aussi faibles remparts? La charité des moines. Ils se privent des dernières ressources de la vie pour racheter leurs suppliants. Turcs, Arabes, Grecs, chrétiens, schismatiques, tous se jettent sous la protection de quelques pauvres religieux qui ne peuvent se défendre eux-mêmes. C'est ici qu'il faut reconnaître avec Bossuet « que des » mains levées vers le ciel enfoncent plus de bataillons » que des mains armées de javelots. »

Tandis que la nouvelle Jérusalem sort ainsi *du désert, brillante de clarté,* jetez les yeux sur la montagne de Sion et le temple, voyez cet autre petit peuple qui vit séparé du reste des habitants de la cité. Objet particulier de tous les mépris, il baisse la tête sans se plaindre; il souffre toutes les avanies sans demander justice; il se laisse accabler de coups sans soupirer; on lui demande sa tête, il la présente au cimeterre. Si quelque membre de cette société proscrite vient à mourir, son compagnon, ira pendant la nuit, l'enterrer furtivement dans la vallée de Josaphat, à l'ombre du Temple de Salomon. Pénétrez dans la demeure de ce peuple, vous le trouverez dans une affreuse misère, faisant lire un livre mystérieux à des enfants qui, à leur tour, le feront lire à leurs enfants. Ce qu'il faisait il y a cinq mille ans, ce peuple le fait encore. Il a assisté dix-sept fois à la ruine de Jérusalem, et rien ne peut le décourager, rien ne peut l'empêcher de tourner ses regards vers Sion. Quand on voit les Juifs dispersés sur la terre, selon la parole de Dieu, on est surpris, sans doute; mais, pour être frappé d'un étonnement surnaturel, il faut les retrouver à Jérusalem; il faut voir ces légitimes maîtres de la Judée, esclaves et étrangers dans leur propre pays; il faut les voir attendant, sous toutes les oppressions, un roi qui doit les délivrer. Ecrasés par la croix qui les condamne, et qui est plantée sur leurs têtes, cachés près du Temple, dont il ne reste pas pierre sur pierre, ils demeurent dans leur déplorable aveuglement. Les Perses, les Grecs, les Romains ont disparu de la terre, et un petit peuple dont l'origine précéda celle de ces grands peuples existe encore sans mélange dans les décombres de sa patrie. Si quelque chose parmi les nations porte le caractère du miracle, nous pensons que ce caractère est ici. Et qu'y a-t-il de plus merveilleux, même aux yeux du philosophe, que cette rencontre de l'antique et de la nouvelle Jérusalem au pied du Calvaire : la première s'affligeant à l'aspect du sépulcre de Jésus-Christ ressuscité, la seconde se consolant auprès du seul tombeau qui n'aura rien à rendre à la fin des siècles ?

Départ de Jérusalem.. — Je remerciai les Pères de leur hospitalité ; je leur souhaitai bien sincèrement un bonheur qu'ils n'attendent guère ici-bas ; prêt à les quitter, j'éprouvais une véritable tristesse. Je ne connais point de martyre comparable à celui de ces infortunés religieux ; l'état où ils vivent ressemble à celui où l'on était, en France, sous le règne de la terreur. J'allais rentrer dans ma patrie, embrasser mes parents, revoir mes amis, retrouver les douceurs de la vie ; et ces Pères, qui avaient aussi des parents, des amis, une patrie, demeuraient exilés dans cettte terre d'esclavage. Tous n'ont pas la force d'âme qui rend insensible aux chagrins ; j'ai entendu des regrets qui m'ont fait connaître l'étendue du sacrifice. Jésus-Christ à ces mêmes bords n'a-t-il pas bu jusqu'à la lie.

Le 12 octobre, je montai à cheval avec Ali-Aga, Jean, Julien et le drogman Michel. Nous sortîmes de la ville, au coucher du soleil, par la porte des Pèlerins. Nous traversâmes le camp du pacha. Je m'arrêtai avant de descendre dans la vallée de Térébinthe pour regarder encore Jérusalem. Je distinguai par-dessus les murs le dôme de l'église du Saint-Sépulcre. Il ne sera plus salué par le pèlerin, car il n'existe plus, et le tombeau de Jésus-Christ est maintenant exposé aux injures de l'air. Autrefois la chrétienté entière serait accourue pour réparer le sacré monument ; aujourd'hui personne n'y pense, et la moindre aumône employée à cette œuvre méritoire paraîtrait une ridicule superstition. Après avoir contemplé pendant quelque temps Jérusalem, je m'enfonçai dans les montagnes. Il était six heures vingt neuf minutes lorsque je perdis de vue la cité sainte : le navigateur marque ainsi le moment où disparaît à ses yeux une terre lointaine qu'il ne reverra jamais.

Nous trouvâmes au fond de la vallée de Térébinthe les chefs des Arabes de Jérémie, Abou-Gosh et Giaber : ils nous attendaient. Nous arrivâmes à Jérémie vers minuit ; il fallut manger un agneau qu'Abou-Gosh nous avait fait préparer. Je voulus lui donner quelque argent, il le refusa, et me pria seulement de lui envoyer deux *couffes* de riz de Damiette quand je serais en Egypte : je lui promis de grand cœur, et pourtant je ne me souvins de ma promesse qu'à l'instant même où je m'embarquais pour Tunis. Aussitôt que nos communications avec le Levant seront rétablies, Abou-Gosh recevra certainement son riz de Damiette ; il verra qu'un Français peut manquer de mémoire, mais jamais de parole. J'espère que les petits Bédouins de Jérémie monteront la garde autour de mon présent, et qu'ils diront encore : « En avant ! marche ! »

VOYAGE D'ÉGYPTE

Je me trouvai fort embarrassé à mon retour à Jaffa : Il n'y avait pas un seul vaisseau dans le port. Je flottais entre le dessein d'aller m'embarquer à Saint-Jean-d'Acre et celui de me rendre en Egypte par terre. J'aurais beaucoup mieux aimé exécuter ce dernier projet, mais il était impraticable.

La Providence vint à mon secours. Le surlendemain de mon arrivée à Jaffa, comme je me préparais à partir pour Saint-Jean-d'Acre, on vit entrer dans le port une saïque. Cette saïque de l'échelle de Tripoli de Syrie était sur son lest, et s'enquérait d'un chargement. Les Pères envoyèrent chercher le capitaine : il consentit à me porter à Alexandrie, et nous eûmes bientôt conclu notre traité.

Ce ne fut pas sans un véritable regret que je quittai mes vénérables hôtes le 16 octobre. Un des Pères me donna des lettres de recommandation pour l'Espagne; car mon projet était, après avoir vu Carthage, de finir mes courses par les ruines de l'Alhambra. Ainsi ces religieux, qui restaient exposés à tous les outrages, songeaient encore à m'être utiles au-delà des mers et dans leur propre patrie.

Je m'embarquai le 16, à huit heures du soir. La mer était grosse et le vent peu favorable. Je restai sur le pont aussi longtemps que je pus apercevoir les lumières de Jaffa. J'avoue que j'éprouvais un certain sentiment de plaisir en pensant que je venais d'accomplir un pèlerinage que j'avais médité depuis si longtemps; j'espérais mettre bientôt fin à cette aventure, dont la partie la plus hasardeuse me semblait achevée. Quand je songeais que j'avais traversé presque seul le continent et les mers de la Grèce, que je me retrouvais encore seul, dans une petite barque, au fond de la Méditerranée, après avoir vu le Jourdain, la mer Morte et Jérusalem, je regardais mon retour par l'Egypte, la Barbarie et l'Espagne, comme la chose du monde la plus facile; je me trompais pourtant.

Je me retirai dans la chambre du capitaine, lorsque nous eûmes perdu de vue les lumières de Jaffa, et que j'eus salué pour la dernière fois les rivages de la Terre-Sainte; mais le lendemain, à la pointe du jour, nous découvrîmes encore la côte en face de Gaza, carle capitaine avait fait route au midi. L'aurore nous amena une forte brise de l'orient, la mer devint belle, et nous mîmes le cap à l'ouest. Ainsi je suivais absolument le chemin qu'Ubalde et le Danois avaient parcouru pour aller délivrer Renaud. Mon bateau n'était guère plus grand que celui des deux chevaliers, et comme eux j'étais conduit par la Fortune. Ma navigation de Jaffa à Alexandrie ne dura que quatre jours, et jamais je n'ai fait sur les flots une course plus agréable et plus rapide. Le ciel fut constamment pur, le vent bon, la mer brillante. On ne changea pas une seule fois la voile. Cinq hommes composaiont l'équipage de la saïque, y compris le capitaine, gens moins gais que mes Grecs de l'île de Tino, mais en apparence plus habiles. Des vivres frais, des grenades excellentes, du vin de Chypre, du café de la meilleure qualité nous tenaient dans l'abondance et dans la joie. L'excès de ma prospérité aurait dû me causer des alarmes ; mais quand j'aurais eu l'anneau de Polycrate, je me serais bien gardé de le jeter dans la mer, à cause du maudit esturgeon.

Il y a dans la vie du marin quelque chose d'aventureux qui nous plaît et qui nous attache. Ce passage continuel du calme à l'orage, ce changement rapide des terres et des cieux tiennent éveillée l'imagination du navigateur. Il est lui-même, dans ses destinées, l'image de l'homme ici-bas : toujours se promettant de rester au port, et toujours déployant ses voiles ; cherchant des îles enchantées où il n'arrive presque jamais, et dans lesquelles il s'ennuie s'il y touche ; ne parlant que de repos, et n'aimant que les tempêtes ; périssant au milieu d'un naufrage, ou mourant vieux nocher sur la rive, inconnu des jeunes navigateurs, dont il regrette de ne pouvoir suivre le vaisseau.

Nous traversâmes le 17 et le 18 le golfe de Damiette : cette ville remplace à peu près l'ancienne Peluse. Quand un pays offre de grands et nombreux souvenirs, la mémoire, pour se débarrasser des tableaux qui l'accablent, s'attache à un seul événement ; c'est ce qui m'arriva en passant le golfe de Peluse : je commençai par remonter en pensée jusqu'aux premiers Pharaons, et je finis par ne pouvoir plus songer qu'à la mort de Pompée ; c'est selon moi le plus beau morceau de Plutarque et d'Amyot son traducteur.

Le 19, à midi, après avoir été deux jours sans voir la terre, nous aperçûmes un promontoire assez élevé, appelé le cap Brûlos, et formant la pointe la plus septentrionale du Delta. J'ai déjà remarqué, au sujet du Granique, que l'illusion des noms est une chose prodigieuse : le cap Brûlos ne me présentait qu'un petit monceau de sable ; mais c'était l'extrémité de ce quatrième continent, le seul qui me restât à connaître ; c'était un coin de cette Egypte, berceau des sciences, mère des religions et des lois : je n'en pouvais détacher les yeux.

Le soir même nous eûmes, comme disent les marins, connaissance de quelques palmiers qui se montraient dans le sud-ouest, et qui paraissaient sortir de la mer ; on ne voyait point le sol qui les portait. Au sud, on remarquait une masse noirâtre et confuse, accompagnée de quelques arbres isolés : c'étaient les ruines d'un village, triste enseigne des destinées de l'Egypte.

Le 20, à cinq heures du matin, j'aperçus sur la surface verte et ridée de la mer une barre d'écume, et de l'autre côté de cette barre une eau pâle et tranquille. Le capitaine vint me frapper sur l'épaule, et me dit en langue franque : « *Nilo !* » Bientôt après nous entrâmes et nous courûmes dans ces eaux fameuses, dont je voulus boire, et que je trouvais salées. Des palmiers et un minaret nous annoncèrent l'emplacement de Rosette ; mais le plan même de la terre était toujours invisible. Ces plages ressemblaient aux lagunes des Florides : l'aspect en était tout différent de celui des côtes de la Grèce et de la Syrie, et rappelait l'effet d'un horizon sous les tropiques.

A dix heures nous découvrîmes enfin, au-dessous de la cime des palmiers, une ligne de sable qui se prolongeait à l'ouest jusqu'au promontoire d'Aboukir, devant lequel il nous fallait passer pour arriver à Alexandrie. Nous nous trouvions alors en face même de l'embouchure du Nil, à Rosette, et nous allions traverser le Bogâz. L'eau du fleuve était en cet endroit d'un rouge tirant sur le violet, de la couleur d'une bruyère en automne : le Nil, dont la crue était finie, commençait à baisser depuis quelque temps. Une vingtaine de gerbes ou bateaux d'Alexandrie se tenaient à l'ancre sur le Bogâz, attendant un vent favorable pour franchir la barre et remonter à Rosette.

En cinglant toujours à l'ouest, nous parvînmes à l'extrémité du dégorgement de cette immense écluse. La ligne des eaux du fleuve et celle des eaux de la mer ne se confondaient point ; elles étaient distinctes, séparées ; elles écumaient en se rencontrant, et semblaient se servir mutuellement de rivages.

A cinq heures du soir, la côte, que nous avions toujours à notre gauche, changea d'aspect. Les palmiers paraissaient alignés sur la rive, comme ces avenues dont les châteaux de France sont décorés : la nature se plaît ainsi à rappeler les idées de la civilisation dans le pays où cette civilisation prit naissance et où règnent aujourd'hui l'ignorance et la barbarie. Après avoir doublé la pointe d'Aboukir, nous fûmes, peu à peu, abandonnés du vent, et nous ne pûmes entrer que de nuit dans le port d'Alexandrie. Il était onze heures du soir quand nous jetâmes l'ancre dans le port marchand, au milieu des vaisseaux mouillés devant la ville. Je ne voulus point descendre à terre, et j'attendis le jour sur le pont de notre saïque.

J'eus tout le temps de me livrer à mes réflexions. J'entrevoyais à ma droite des vaisseaux et le château qui remplace la tour du Phare ; à ma gauche, l'horizon me semblait borné par des collines, des ruines et des obélisques que je distinguais à peine au travers des ombres ; devant moi s'étendait une ligne noire de murailles et de maisons confuses : on ne voyait à terre qu'une seule lumière, et l'on n'entendait aucun bruit. C'était là pourtant cette Alexandrie, rivale de Memphis et de Thèbes, qui compta trois millions d'habitants, qui fut le sanctuaire des Muses, et que les bruyantes orgies d'Antoine et de Cléopâtre faisaient retentir dans les ténèbres. Mais en vain je prêtais l'oreille, un talisman fatal plongeait dans le silence le peuple de la nouvelle Alexandrie : ce talisman, c'est le despotisme qui éteint toute joie, et qui ne permet pas même un cri à la douleur. Et quel bruit pourrait-il s'élever d'une ville dont un tiers au moins est abandonné, dont l'autre tiers est consacré aux sépulcres, et dont le tiers animé, au milieu de ces deux extrémités mortes, est une espèce de tronc palpitant qui n'a pas même la force de secouer ses chaînes entre des ruines et des tombeaux ?

Le 20, à huit heures du matin, la chaloupe de la saïque me porta à terre, et je me fis conduire chez M. Drovetti, consul de France à Alexandrie. Jusqu'à présent j'ai parlé de nos consuls dans le Levant avec la reconnaissance que je leur dois ; ici j'irai plus loin, et je dirai que j'ai contracté avec M. Drovetti une liaison qui est devenue une véritable amitié. M. Drovetti, militaire distingué et né dans la belle Italie, me reçut avec cette simplicité qui caractérise le soldat, et cette chaleur qui tient à l'influence d'un heureux soleil. Je ne sais si, dans le désert où il habite, cet écrit lui tombera entre les mains; je le désire, afin qu'il apprènne que le temps n'affaiblit point chez moi les sentiments; que je n'ai point oublié l'attendrissement qu'il me montra lorsqu'il me dit adieu au rivage : attendrissement bien noble, quand on en essuie comme lui les marques avec une main mutilée au service de son pays ! Je n'ai ni crédit, ni protecteurs, ni fortune ; mais si j'en avais, je ne les emploierais pour personne avec plus de plaisir que pour M. Drovetti.

On ne s'attend point sans doute à me voir décrire l'Egypte : j'ai parlé avec quelque étendue des ruines d'Athènes, parce qu'après tout elles ne sont bien connues que des amateurs des arts ; je me suis livré à de grands détails sur Jérusalem, parce que Jérusalem était l'objet principal de mon voyage. Mais que dirais-je de l'Egypte ? Qui ne l'a point vue aujourd'hui ? Le *Voyage* de M. de Volney en Egypte est un véritable chef-d'œuvre dans tout ce qui n'est pas érudition : l'érudition a été épuisée par Sicard, Norden, Pococke, Shaw, Niebuhr et quelques autres ; les dessins de M. Denon et les grands tableaux de l'institut d'Egypte ont transporté sous nos yeux les monuments de Thèbes et de Memphis ; enfin, j'ai moi-même dit ailleurs tout ce que j'avais à dire sur l'Egypte. Le livre des *Martyrs* où j'ai parlé de cette vieille terre est plus complet touchant l'antiquité que les autres livres du même ouvrage. Je me bornerai donc à suivre, sans m'arrêter, les simples dates de mon journal.

M. Drovetti me donna un logement dans la maison du consulat, bâtie presque au bord de la mer, sur le port marchand. Puisque j'étais en Egypte, je ne pouvais pas en sortir sans avoir au moins vu le Nil et les Pyramides. Je priai M. Drovetti de me noliser un bâtiment autrichien pour Tunis, tandis que j'irais contempler le prodige d'un tombeau.

Nous partîmes le soir d'Alexandrie, et nous arrivâmes dans la nuit au Bogâz de Rosette. Nous traversâmes la barre sans accident. Au lever du jour, nous nous trouvâmes à l'entrée du fleuve : nous abordâmes le cap à notre droite. Le Nil était dans toute sa beauté ; il coulait à plein bord, sans couvrir ses rives ; il laissait voir, le long de son cours, des plaines verdoyantes de riz, plantées de palmiers isolés qui représentaient des colonnes et des portiques. Nous nous rembarquâmes et nous touchâmes bientôt à Rosette. Ce fut alors que j'eus une première vue de ce magnifique Delta, où il ne manque qu'un gouvernement libre et un peuple heureux. Mais il n'est point de beau pays sans l'indépendance ; le ciel le plus serein est odieux si l'on est enchaîné sur la terre. Je ne trouvais dignes de ces plaines magnifiques que les souvenirs de la gloire de ma patrie : je voyais encore les restes des monuments (1) d'une civilisation nouvelle apportée par le génie de la France sur les bords du Nil ; je songeais en même temps que les lances de nos chevaliers et les baïonnettes de nos soldats avaient renvoyé deux fois la lumière d'un si brillant soleil ; avec cette différence que les chevaliers, malheureux à la journée de la Massoure, furent vengés par les soldats à la bataille des Pyramides. Au reste, quoique je fusse charmé de rencontrer une grande rivière et une fraîche verdure, je ne fus

(1) On voit encore en Egypte plusieurs fabriques élevées par les Français.

pas très étonné, car c'étaient absolument là mes fleuves de la Louisiane et mes savanes américaines : j'aurais désiré retrouver aussi les forêts où je plaçai les premières illusions de ma vie.

M. de Saint-Marcel, consul de France à Rosette, nous reçut avec une grande politesse : M. Caffe, négociant français et le plus obligeant des hommes, voulut nous accompagner jusqu'au Caire. Nous fîmes notre marché avec le patron d'une grande barque ; il nous donna la chambre d'honneur ; et, pour plus de sûreté, nous nous associâmes un chef albanais. M. de Choiseul a parfaitement représenté ces soldats d'Alexandre :

« Ces fiers Albanais seraient encore des héros, s'ils » avaient un Scanderberg à leur tête ; mais ils ne sont » plus que des brigands dont l'extérieur annonce la fé» rocité. Ils sont tous grands, lestes et nerveux ; leur » vêtement consiste en des culottes fort amples, un petit » jupon, un gilet garni de plaques, de chaînes et de plu» sieurs rangs de grosses olives d'argent ; ils portent des » brodequins attachés avec des courroies qui montent » quelquefois jusqu'aux genoux, pour tenir sur les mol» lets des plaques qui en prennent la forme et les pré» servent du frottement du cheval. Leurs manteaux, ga» lonnés et tailladés de plusieurs couleurs, achèvent de » rendre cet habillement très pittoresque ; ils n'ont d'au» tre coiffure qu'une calotte de drage rouge, encore la » quittent-ils en courant au combat (1). »

Les deux jours que nous passâmes à Rosette furent employés à visiter cette jolie ville arabe, ses jardins et ses

(1) *Voyage de la Grèce.* Le fond du vêtement des Albanais est blanc, et les galons sont rouges.

forêts de palmiers. Savary a un peu exagéré les agréments de ce lieu; cependant il n'a pas menti autant qu'on l'a voulu faire croire. Le pathos de ses descriptions a nui à son autorité comme voyageur; mais c'est justice de dire que la vérité manque plus à son style qu'à son récit.

Le 26, à midi, nous entrâmes dans notre barque, où il y avait un grand nombre de passagers turcs et arabes. Nous courûmes au large, et nous commençâmes à remonter le Nil. Sur notre gauche, un marais verdoyant s'étendait à perte de vue; à notre droite, une lisière cultivée bordait le fleuve, et par-delà cette lisière on voyait le sable du désert. Des palmiers clair semés indiquaient çà et là des villages, comme les arbres plantés autour des cabanes dans les plaines de la Flandre. Les maisons de ces villages sont faites de terre et élevées sur des monticules artificiels : précaution inutile, puisque souvent, dans ces maisons, il n'y a personne à sauver de l'inondation du Nil. Une partie du Delta est en friche; des milliers de fellahs ont été massacrés par les Albanais; le reste a passé dans la Haute-Egypte.

Contrariés par le vent et par la rapidité du courant, nous employâmes sept mortelles journées à remonter de Rosette au Caire. Tantôt nos matelots nous tiraient à la cordelle, tantôt nous marchions à l'aide d'une brise du nord qui ne soufflait qu'un moment. Nous nous arrêtions souvent pour prendre à bord des Albanais : il nous en arriva quatre dès le second jour de notre navigation, qui s'emparèrent de notre chambre : il fallut supporter leur brutalité et leur insolence. Au moindre bruit ils montaient sur le pont, prenaient leurs fusils, et, comme des insensés, avaient l'air de vouloir faire la guerre à des ennemis absents. Je les ai vus coucher en joue des enfants qui couraient sur la rive en demandant l'aumône : ces petits infortunés s'allaient cacher derrière les ruines de leurs cabanes, comme accoutumés à ces terribles jeux.

Est-il donc possible que les lois puissent mettre autant de différence entre des hommes ! Quoi ! ces hordes de brigands albanais, ces stupides musulmans, ces fellahs si cruellement opprimés, habitent les mêmes lieux où vécut un peuple si industrieux, si paisible, si sage ; un peuple dont Hérodote et surtout Diodore se sont plu à nous peindre les coutumes et les mœurs ! Y a-t-il, dans aucun poème, un plus beau tableau que celui-ci :

« Dans les premiers temps, les rois ne se conduisaient
» point en Egypte comme chez les autres peuples, où
» ils font tout ce qu'ils veulent sans être obligés de sui-
» vre aucune règle ni de prendre aucun conseil :
» tout leur était prescrit par les lois, non-seulement à
» l'égard de l'administration du royaume, mais encore
» par rapport à leur conduite particulière. Ils ne pou-
» vaient point se faire servir par des esclaves achetés ou
» même nés dans leur maison ; mais on leur donnait
» des enfants des principaux d'entre les prêtres, tou-
» jours au-dessus de vingt ans, et les mieux élevés de la
» nation, afin que le roi, voyant jour et nuit autour de sa
» personne la jeunesse la plus considérable de l'Egypte,
» ne fît rien de bas et qui fût indigne de son rang. En
» effet, les princes ne se jettent si aisément dans toutes
» sortes de vices que parce qu'ils trouvent des ministres
» toujours prêts à servir leurs passions. Il y avait sur-
» tout des heures du jour et de la nuit où le roi ne pou-
» vait disposer de lui, et était obligé de remplir les de-
» voirs marqués par les lois. Au point du jour il devait

» lire les lettres qui lui étaient adressées de tous côtés, » afin qu'instruit par lui-même des besoins de son » royaume, il pût pourvoir à tout et remédier à tout. » Après avoir pris le bain, il se revêtait d'une robe pré- » cieuse et des autres marques de la royauté pour aller » sacrifier aux dieux. Quand les victimes avaient été ame- » nées à l'autel, le grand-prêtre, debout et en présence » de tout le peuple, demandait aux dieux à haute voix » qu'ils conservassent le roi et répandissent sur lui » toute sorte de prospérité, parce qu'il gouvernait ses » sujets avec justice. Il insérait ensuite dans sa prière » un dénombrement de toutes les vertus propres à un » roi, en continuant ainsi : Parce qu'il est maître de » lui-même, magnanime, bienfaisant, doux envers les » autres, ennemi du mensonge ; ses punitions n'égalent » point les fautes, et ses récompenses passent les servi- » ces. Après avoir dit plusieurs choses semblables, il » condamnait les manquements où le roi était tombé » par ignorance. Il est vrai qu'il en disculpait le roi » lui-même ; mais il chargeait d'exécrations les flatteurs » tous ceux qui lui donnaient de mauvais conseils. Le » grand-prêtre en usait de cette manière, parce que les » avis mêlés de louanges sont plus efficaces que les re- » montrances amères pour porter les rois à la crainte » des dieux et à l'amour de la vertu. Ensuite de cela, le » roi ayant sacrifié et consulté les entrailles de la vic- » time, le lecteur des livres sacrés lui lisait quelques » actions ou quelques paroles remarquables des grands » hommes, afin que le souverain de la république, ayant » l'esprit plein d'excellents principes, en fît usage dans » les occasions qui se présenteraient à lui. »

C'est bien dommage que l'illustre archevêque de Cambrai, au lieu de peindre une Egypte imaginaire, n'ait pas emprunté ce tableau, en lui donnant les couleurs que son heureux génie aurait su y répandre. Faydit a raison sur ce seul point, si l'on peut avoir raison quand on manque absolument de décence, de bonne foi et de goût. Mais il aurait toujours fallu que Fénelon conservât à tout prix le fond des aventures par lui inventées et racontées dans le style le plus antique : l'épisode de Termosiris *vaut seul un long poème* :

« Je m'eufonçai dans une sombre forêt, où j'aperçus » tout-à-coup un vieillard qui tenait un livre dans sa » main. Ce vieillard avait un grand front chauve et un » peu ridé ; une barbe blanche pendait jusqu'à sa cein- » ture ; sa taille était haute et majestueuse ; son teint » était encore frais et vermeil ; ses yeux étaient vifs et » perçants, sa voix douce, ses paroles simples et aima- » bles. Jamais je n'ai vu un si vénérable vieillard : il » s'appelait *Termosiris*..... »

Nous passâmes par le canal de Ménouf, ce qui m'empêcha de voir le beau bois de palmiers qui se trouve sur la grande branche de l'ouest; mais les Arabes infestaient alors le bord occidental de cette branche qui touche au désert libyque. En sortant du canal de Ménouf, et continuant de remonter le fleuve, nous aperçûmes, à notre gauche, la crête du mont Moqattam, et à notre droite, les hautes dunes de sable de la Libye. Bientôt, dans l'espace vide que laissait l'écartement de ces deux chaînes de montagnes, nous découvrîmes le sommet des Pyramides : nous en étions à plus de dix lieues. Pendant le reste de notre navigation, qui dura encore près de huit heures, je demeurai sur le pont à contempler ces tombeaux ; ils paraissaient s'agrandir et monter dans le ciel à mesure que nous en approchions. Le Nil, qui était alors comme une petite mer, le mélange des sables du désert et de la plus fraîche verdure, les palmiers, les sycomores, les dômes, les mosquées et les minarets du Caire, les pyramides lointaines de Sacarah, d'où le fleuve semblait sortir comme de ses immenses réservoirs, tout cela formait un tableau qui n'a point son égal sur la terre. « Mais quel- » que effort que fassent les hommes, dit Bossuet, leur » néant paraît partout : ces pyramides étaient des tom- » beaux ! encore les rois qui les ont bâties n'ont-ils pas » eu le pouvoir d'y être inhumés, et ils n'ont pas joui de » leur sépulcre. »

J'avoue pourtant qu'au premier aspect des Pyramides je n'ai senti que de l'admiration. Je sais que la philosophie peut gémir ou sourire en songeant que le plus grand monument sorti de la main des hommes est un tombeau; mais pourquoi ne voir dans la pyramide de Chéops qu'un amas de pierres et un squelette? Ce n'est point par le sentiment de son néant que l'homme a élevé un tel sépulcre, c'est par l'instinct de son immortalité : ce sépulcre n'est point la borne qui annonce la fin d'une carrière d'un jour, c'est la borne qui marque l'entrée d'une vie sans terme ; c'est une espèce de porte éternelle bâtie sur les confins de l'éternité. « Tous ces peuples » (d'Egypte), dit Diodore de Sicile, regardant la durée » de la vie comme un temps très court et de peu d'im- » portance, font au contraire beaucoup d'attention à la » longue mémoire que la vertu laisse après elle : c'est » pourquoi ils appellent les maisons des vivants des hô- » telleries par lesquelles on ne fait que passer; mais ils » donnent le nom de demeures éternelles aux tombeaux » des morts, d'où l'on ne sort plus. Ainsi les rois ont » été comme indifférents sur la construction de leurs

» palais, et ils se sont épuisés dans la construction de
» leurs tombeaux. »

On voudrait aujourd'hui que tous les monuments eussent une utilité physique, et l'on ne songe pas qu'il y a pour les peuples une utilité morale d'un ordre fort supérieur, vers laquelle tendaient les législations de l'antiquité. La vue d'un tombeau n'apprend-elle donc rien? Si elle enseigne quelque chose, pourquoi se plaindre qu'un roi ait voulu rendre la leçon perpétuelle? Les grands monuments font une partie essentielle de la gloire de toute société humaine. A moins de soutenir qu'il est égal pour une nation de laisser ou de ne pas laisser un nom dans l'histoire, on ne peut condamner ces édifices qui portent la mémoire d'un peuple au-delà de sa propre existence, et le font vivre contemporain des générations qui viennent s'établir dans ses champs abandonnés. Qu'importe alors que ces édifices aient été des amphithéâtres ou des sépulcres? Tout est tombeau chez un peuple qui n'est plus. Quand l'homme a passé, les monuments de sa vie sont encore plus vains que ceux de sa mort : son mausolée est au moins utile à ses cendres ; mais ses palais gardent-ils quelque chose de ses plaisirs?

Sans doute, à le prendre à la rigueur, une petite fosse suffit à tous, et six pieds de terre, comme le disait Mathieu Molé, feront toujours raison du plus grand homme du monde. Dieu peut être adoré sous un arbre, comme sous le dôme de Saint-Pierre ; on peut vivre dans une chaumière comme au Louvre ; le vice de ce raisonnement est de transporter un ordre de choses dans un autre. D'ailleurs un peuple n'est pas plus heureux quand il vit ignorant des arts que quand il laisse des témoins éclatants de son génie. On ne croit plus à ces sociétés de bergers qui passent leurs jours dans l'innocence, en promenant leur doux loisir au fond des forêts. On sait que ces honnêtes bergers se font la guerre entre eux pour manger les moutons de leurs voisins. Leurs grottes ne sont ni tapissées de vignes, ni embaumées du parfum des fleurs ; on y est étouffé par la fumée et suffoqué par l'odeur des laitages. En poésie et en philosophie, un petit peuple à demi barbare peut goûter tous les biens ; mais l'impitoyable histoire le soumet aux calamités du reste des hommes. Ceux qui crient tant contre la gloire ne seraient-ils pas un peu amoureux de la renommée ? Pour moi, loin de regarder comme un insensé le roi qui fit bâtir la grande Pyramide, je le tiens, au contraire, pour un monarque d'un esprit magnanime. L'idée de vaincre le temps par un tombeau, de forcer les générations, les mœurs, les lois, les âges à se briser au pied d'un cercueil, ne saurait être sortie d'une âme vulgaire. Si c'est là de l'orgueil, c'est du moins un grand orgueil. Une vanité comme celle de la grande Pyramide, qui dure depuis trois ou quatre mille ans, pourrait bien à la longue se faire compter pour quelque chose.

Au reste, ces Pyramides me rappelèrent des monuments moins pompeux, mais qui toutefois étaient aussi des sépulcres ; je veux parler de ces édifices de gazon qui couvrent les cendres des Indiens au bord de l'Ohio. Lorsque je les visitai, j'étais dans une situation d'âme bien différente de celle où je me trouvais en contemplant les mausolées des Pharaons : je commençais alors le voyage, et maintenant je le finis. Le monde, à ces deux époques de ma vie, s'est présenté à moi précisément sous l'image des deux déserts où j'ai vu ces deux espèces de tombeaux : des solitudes riantes, des sables arides.

Nous abordâmes à Boulacq, et nous louâmes des chevaux et des ânes pour le Caire. Cette ville, que dominent l'ancien château de Babylone et le mont Moqattam, présente un aspect assez pittoresque à cause de la multitude des palmiers, des sycomores et des minarets qui s'élèvent de son enceinte. Nous y entrâmes par des voiries et par un faubourg détruit, au milieu des vautours qui dévoraient leur proie. Nous descendîmes à la contrée des Francs, espèce de cul-de-sac dont on ferme l'entrée tous les soirs, comme les cloîtres extérieurs d'un couvent. Nous fûmes reçus par M..... (1), à qui M. Drovetti avait confié le soin des affaires des Français au Caire. Il nous prit sous sa protection, et envoya prévenir le pacha de notre arrivée : il fit en même temps avertir les cinq mamelucks français, afin qu'ils nous accompagnassent dans nos courses.

Ces mamelucks étaient attachés au service du pacha. Les grandes armées laissent toujours après elles quelques traîneurs : la nôtre perdit ainsi deux ou trois cents soldats qui restèrent éparpillés en Egypte. Ils prirent parti sous différents beys, et furent bientôt renommés par leur bravoure. Tout le monde convenait que si ces déserteurs, au lieu de se diviser entre eux, s'étaient réunis et avaient nommé un bey français, ils se seraient rendus maîtres du pays. Malheureusement ils manquèrent de chef, et périrent presque tous à la solde des maîtres qu'ils avaient choisis. Lorsque j'étais au Caire, Mahamed-

(1) Par la plus grande fatalité, le nom de mon hôte, au Caire, s'est effacé sur mon journal, et je crains de ne l'avoir pas retenu correctement, ce qui fait que je n'ose l'écrire. Je ne me pardonnerais pas un pareil malheur si ma mémoire était infidèle aux services, à l'obligeance et à la politesse de mon hôte, comme à son nom.

Ali-Pacha pleurait encore la mort d'un de ces braves. Ce soldat, d'abord petit tambour dans un de nos régiments, était tombé entre les mains des Turcs par les chances de la guerre : devenu homme, il se trouva enrôlé dans les troupes du pacha. Mahamed, qui ne le connaissait point encore, le voyant charger un gros d'ennemis, s'écria : « Quel est cet homme ? Ce ne peut être qu'un Français; » et c'était en effet un Français. Depuis ce moment il devint le favori de son maître, et il n'était bruit que de sa valeur. Il fut tué peu de temps avant mon arrivée en Egypte, dans une affaire où les cinq autres mamelucks perdirent leurs chevaux.

Ceux-ci étaient Gascons, Languedociens et Picards; leur chef s'avouait le fils d'un cordonnier de Toulouse. Le second en autorité après lui servait d'interprète à ses camarades. Il savait assez bien le turc et l'arabe, et disait toujours en français, *j'étions, j'allions, je faisions*. Un troisième, grand jeune homme maigre et pâle, avait vécu longtemps dans le désert avec les Bédouins, et il regrettait singulièrement cette vie. Il me contait que quand il se trouvait seul dans les sables, sur un chameau, il lui prenait des transports de joie dont il n'était pas le maître. Le pacha faisait un tel cas de ces cinq mamelucks, qu'il les préférait au reste de ses spahis : eux seuls retraçaient et surpassaient l'intrépidité de ces terribles cavaliers détruits par l'armée française à la journée des Pyramides. Nous sommes dans le siècle des merveilles; chaque Français semble appelé aujourd'hui à jouer un rôle extraordinaire : cinq soldats, tirés des derniers rangs de notre armée, se trouvaient, en 1806, à peu près les maîtres au Caire. Rien n'était amusant et singulier comme de voir Abdallah de Toulouse prendre les cordons de son cafetan, en donner par le visage des Arabes et des Albanais qui l'importunaient, et nous ouvrir ainsi un large chemin dans les rues les plus populeuses. Au reste, ces rois par l'exil avaient adopté, à l'exemple d'Alexandre, les mœurs des peuples conquis ; ils portaient de longues robes de soie, de beaux turbans blancs, de superbes armes ; ils avaient un harem, des esclaves, des chevaux de première race ; toutes choses que leurs pères n'ont point en Gascogne et en Picardie. Mais, au milieu des nattes, des tapis, des divans que je vis dans leur maison, je remarquai une dépouille de la patrie : c'était un uniforme haché de coups de sabre, qui couvrait le pied d'un lit fait à la française. Abdallah réservait peut-être ces honorables lambeaux pour la fin du songe, comme le berger devenu ministre :

> Le coffre étant ouvert, on y vit des lambeaux,
> L'habit d'un gardeur de troupeaux,
> Petit chapeau, jupon, pannetière, houlette,
> Et, je pense, aussi sa musette.

Le lendemain de notre arrivée au Caire, 1er novembre, nous montâmes au château, afin d'examiner le puits de Joseph, la mosquée, etc. Le fils du pacha habitait alors ce château. Nous présentâmes nos hommages à Son Excellence, qui pouvait avoir quatorze ou quinze ans. Nous la trouvâmes assis sur un tapis, dans un cabinet délabré, et entouré d'une douzaine de complaisants qui s'empressaient d'obéir à ses caprices. Je n'ai jamais vu un spectacle plus hideux. Le père de cet enfant était à peine maître du Caire, et ne possédait ni la haute ni la basse Egypte. C'était dans cet état de choses que douze misérables sauvages nourrissaient des plus lâches flatteries un jeune barbare enfermé pour sa sûreté dans un donjon,

Et voilà le maître que les Egyptiens attendaient après tant de malheurs !

On dégradait donc, dans un coin de ce château, l'âme d'un enfant qui devait conduire les hommes ; dans un autre coin, on frappait une monnaie du plus bas aloi. Et, afin que les habitants du Caire reçussent sans murmurer l'or altéré et le chef corrompu qu'on leur préparait, les canons étaient pointés sur la ville.

J'aimais mieux porter ma vue au dehors, et admirer, du haut du château, le vaste tableau que présentaient au loin le Nil, les campagnes, le désert et les Pyramides. Nous avions l'air de toucher à ces dernières, quoique nous en fussions éloignés de quatre lieues. A l'œil nu, je voyais parfaitement les assises des pierres et la tête du sphinx qui sortait du sable ; avec une lunette je comptais les gradins des angles de la grande Pyramide, et je distinguais les yeux, la bouche et les oreilles du sphinx, tant ces masses sont prodigieuses !

Memphis avait existé dans les plaines qui s'étendent de l'autre côté du Nil jusqu'au désert où s'élèvent les Pyramides.

« Ces plaines heureuses, qu'on dit être le séjour des
» justes morts, ne sont, à la lettre, que les belles cam-
» pagnes qui sont aux environs du lac Achéruse, auprès
» de Memphis, et qui sont partagées par des champs et
» par des étangs couverts de blés ou de lotos. Ce n'est
» pas sans fondement qu'on a dit que les morts habitent
» là ; car c'est là qu'on termine les funérailles de la plu-
» part des Egyptiens, lorsque après avoir fait traverser
» le Nil et le lac d'Achéruse à leurs corps, on les dépose

» enfin dans des tombes qui sont arrangées sous terre
» en cette campagne. Les cérémonies, qui se pratiquent
» encore aujourd'hui dans l'Egypte, conviennent à tout
» ce que les Grecs disent de l'enfer, comme à la barque
» qui transporte les corps ; à la pièce de monnaie qu'il
» faut donner au nocher, nommé *Charon* en langue
» égyptienne ; au temple de la ténébreuse Hécate, placé
» à l'entrée de l'enfer ; aux portes du Cocyte et du Lé-
» thé, posées sur des gonds d'airain ; à d'autres portes,
» qui sont celles de la Vérité et de la Justice, qui est
» sans tête (1). »

Le 2 nous allâmes à Djizé et à l'île de Rhoda. Nous examinâmes le Nilomètre, au milieu des ruines de la maison de Mourad-Bey. Nous nous étions ainsi beaucoup rapprochés des Pyramides. A cette distance, elles paraissaient d'une hauteur démesurée : comme on les apercevait à travers la verdure des rizières, le cours du fleuve, la cime des palmiers et des sycomores, elles avaient l'air de fabriques colossales bâties dans un magnifique jardin. La lumière du soleil, d'une douceur admirable, colorait la chaîne aride du Moqattam, les sables libyques, l'horizon de Sacarah, et la plaine des tombeaux. Un vent frais chassait de petits nuages blancs vers la Nubie, et ridait la vaste nappe des flots du Nil. L'Egypte m'a paru le plus beau pays de la terre : j'aime jusqu'aux déserts qui la bordent, et qui ouvrent à l'imagination les champs de l'immensité.

Nous vîmes, en revenant de notre course, la mosquée abandonnée dont j'ai parlé au sujet de l'El-Sachra de Jé-

(1) *Diod.*, trad. de Terrass.

rusalem, et qui me paraît être l'original de la cathédrale de Cordoue.

Je passai cinq autres jours au Caire, dans l'espoir de visiter les sépulcres de Pharaon ; mais cela fut impossible. Par une singulière fatalité, l'eau du Nil n'était pas assez retirée pour aller à cheval aux Pyramides, ni assez haute pour s'en approcher en bateau. Nous envoyâmes sonder les gués et examiner la campagne : tous les Arabes s'accordèrent à dire qu'il fallait attendre encore trois semaines ou un mois avant de tenter le voyage. Un pareil délai m'aurait exposé à passer l'hiver en Egypte (car les vents de l'ouest allaient commencer) ; or, cela ne convenait ni à mes affaires ni à ma fortune. Je ne m'étais déjà que trop arrêté sur ma route, et je m'exposai à ne jamais revoir la France pour avoir voulu remonter au Caire. Il fallut donc me résoudre à ma destinée, retourner à Alexandrie, et me contenter d'avoir vu de mes yeux les Pyramides, sans les avoir touchées de mes mains. Je chargeai M. Caffe d'écrire mon nom sur ces grands tombeaux, selon l'usage, à la première occasion : l'on doit remplir tous les devoirs d'un pieux voyageur. N'aime-t-on pas à lire, sur les débris de la statue de Memnon, le nom des Romains qui l'ont entendue soupirer au lever de l'aurore ? Ces Romains furent comme nous *étrangers à la terre d'Egypte*, et nous passerons comme eux.

Au reste, je me serais très bien arrangé du séjour du Caire ; c'est la seule ville qui m'ait donné l'idée d'une ville orientale telle qu'on se la représente ordinairement : aussi figure-t-elle dans *les Mille et une Nuits*. Elle conserve encore beaucoup de traces du passage des Français : les femmes s'y montrent avec moins de réserve qu'autrefois; on est absolument maître d'aller et d'entrer partout où l'on veut; l'habit européen, loin d'être un objet d'insulte, est un titre de protection. Il y a un jardin assez joli, planté en palmiers avec des allées circulaires, qui sert de promenade publique : c'est l'ouvrage de nos soldats.

Avant de quitter le Caire, je fis présent à Abdallah d'un fusil de chasse à deux coups, de la manufacture de Lepage. Il me promit d'en faire usage à la première occasion. Je me séparai de mon hôte et de mes aimables compagnons de voyage. Je me rendis à Boulacq, où je m'embarquai avec M. Caffe pour Rosette. Nous étions les seuls passagers sur le bateau, et nous appareillâmes le 8 novembre à sept heures du soir.

Nous descendîmes avec le cours du fleuve : nous nous engageâmes dans le canal de Ménouf. Le 10 au matin, en sortant du canal et rentrant dans la grande branche de Rosette, nous aperçûmes le côté occidental du fleuve occupé par un camp d'Arabes. Le courant nous portait malgré nous de ce côté, et nous obligeait de serrer la rive. Une sentinelle cachée derrière un vieux mur cria à notre patron d'aborder. Celui-ci répondit qu'il était pressé de se rendre à sa destination, et que d'ailleurs il n'était point ennemi. Pendant ce colloque, nous étions arrivés à portée de pistolet du rivage, et le flot courait dans cette direction l'espace d'un mille. La sentinelle, voyant que nous poursuivions notre route, tira sur nous : cette première balle pensa tuer le pilote, qui riposta d'un coup d'escopette. Alors tout le camp accourut, borda la rive, et nous essuyâmes le feu de toute la ligne. Nous cheminions fort doucement, car nous avions le vent contraire : pour comble de guignon, nous échouâmes un moment.

Nous étions sans armes ; on a vu que j'avais donné mon fusil à Abdallah. Je voulais faire descendre dans la chambre M. Caffe, que sa complaisance pour moi exposait à cette désagréable aventure ; mais, quoique père de famille et déjà sur l'âge, il s'obstina à rester sur le pont. Je remarquai la singulière prestesse d'un Arabe : il lâchait son coup de fusil, rechargeait son arme en courant, tirait de nouveau, et tout cela sans avoir perdu un pas sur la marche de la barque. Le courant nous porta enfin sur l'autre rive ; mais il nous jeta dans un camp d'Albanais révoltés, plus dangereux pour nous que les Arabes, car ils avaient du canon, et un boulet nous pouvait couler bas. Nous aperçûmes du mouvement à terre ; heureusement la nuit survint. Nous n'allumâmes point de feu, et nous fîmes silence. La Providence nous conduisit, sans autre accident, au milieu des partis ennemis, jusqu'à Rosette. Nous y arrivâmes le 11 à dix heures du matin.

J'y passai deux jours avec M. Caffe et M. de Saint-Marcel, et je partis le 13 pour Alexandrie. Je saluai l'Egypte, en la quittant, par ces beaux vers :

Mère antique des arts et des fables divines,
Toi, dont la gloire assise au milieu des ruines
Etonne le génie et confond notre orgueil,
Egypte vénérable, où, du fond du cercueil,
Ta grandeur colossale insulte à nos chimères ;
C'est ton peuple qui sut, à ces barques légères,
Dont rien ne dirigeait le cours audacieux,
Chercher des guides sûrs dans la voûte des cieux,
Quand le fleuve sacré qui féconde tes rives,
T'apportait en tribut ses ondes fugitives,
Et, sur l'émail des prés égarant les poissons,
Du limon de ses flots nourrissait tes moissons,
Les hameaux, dispersés sur les hauteurs fertiles,
D'un nouvel Océan semblaient former les îles ;
Les palmiers, ranimés par la fraîcheur des eaux,
Sur l'onde salutaire abaissaient leurs rameaux ;

Par les feux du Cancer Syène poursuivie
Dans ses sables brûlants sentait filtrer la vie ;
Et des murs de Péluse aux lieux où fut Memphis,
Mille canots flottaient sur la terre d'Isis.
Le faible papyrus, par des tissus fragiles,
Formait les flancs étroits de ces barques agiles,
Qui, des lieux séparés conservant les rapports,
Réunissaient l'Egypte en parcourant ses bords.
Mais, lorsque dans les airs la Vierge triomphante
Ramenait vers le Nil son ombre décroissante,
Quand les troupeaux bêlants et les épis dorés
S'emparaient à leur tour des champs désaltérés,
Alors d'autres vaisseaux à l'active industrie,
Ouvraient des aquilons l'orageuse patrie.

. . . .

. . . .

Alors mille cités que décoraient les arts,
L'immense Pyramide, et cent palais épars,
Du Nil enorgueilli couronnaient le rivage.
Dans les sables d'Ammon le porphyre sauvage,
En colonne hardie élancé dans les airs,
De sa pompe étrangère étonnait les déserts.

. . . .

O grandeur des mortels! O temps impitoyable!
Les destins sont comblés : dans leur course immuable,
Les siècles ont détruit cet éclat passager,
Que la superbe Egypte offrit à l'étranger (1).

Je quittai l'Egypte le 13, et le 5 mai de l'année suivante, je débarquai à Bayonne, après avoir fait le tour entier de la Méditerranée, visité Sparte, Athènes, Smyrne, Constantinople, Jérusalem, et une grande partie de l'Egypte et de l'Espagne.

(1) *La Navigation*, par M. Esménard.

FIN.

TABLE.

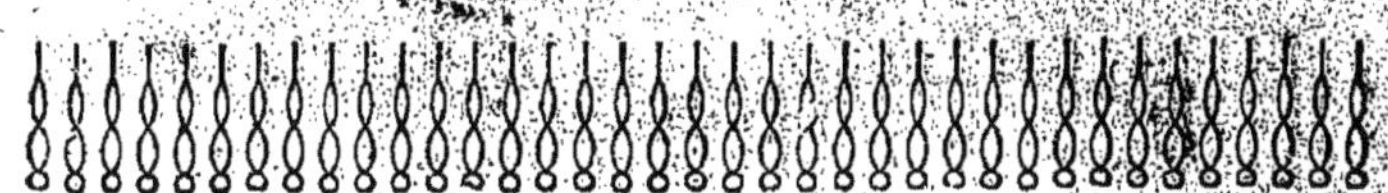

TABLE.

FIN DE LA TABLE.

Limoges. — Typ. F. F. Ardant frères.

www.ingramcontent.com/pod-product-compliance
Ingram Content Group UK Ltd.
Pitfield, Milton Keynes, MK11 3LW, UK
UKHW020323230726
13925UKWH00002B/579

9 782019 175894